Aspectos do Ocultismo

Dion Fortune

Aspectos do Ocultismo

Introdução de Gareth Knight
Tradução de Adail Ubirajara Sobral

EDITORA PENSAMENTO
São Paulo

Título do original: *Aspects of Occultism.*

Copyright © 1962, 1987 Society of the Inner Light.

Copyright Introdução © 2000 Red Wheel/Weiser.

Publicado em língua inglesa em 2000 pela Red Wheel/Weiser, York Beach, ME 03910-0612, USA.

Todos os direitos reservados. Nenhuma parte deste livro pode ser reproduzida ou usada de qualquer forma ou por qualquer meio, eletrônico ou mecânico, inclusive fotocópias, gravações ou sistema de armazenamento em banco de dados, sem permissão por escrito, exceto nos casos de trechos curtos citados em resenhas críticas ou artigos de revistas.

O primeiro número à esquerda indica a edição, ou reedição, desta obra. A primeira dezena à direita indica o ano em que esta edição, ou reedição, foi publicada.

Edição	Ano
1-2-3-4-5-6-7-8-9-10-11	03-04-05-06-07-08-09-10-11

Direitos de tradução para a língua portuguesa
adquiridos com exclusividade pela
EDITORA PENSAMENTO-CULTRIX LTDA.
Rua Dr. Mário Vicente, 368 — 04270-000 — São Paulo, SP
Fone: 272-1399 — Fax: 272-4770
E-mail: pensamento@cultrix.com.br
http://www.pensamento-cultrix.com.br
que se reserva a propriedade literária desta tradução.

Impresso em nossas oficinas gráficas.

Sumário

Introdução de Gareth Knight 7
1. Deus e os Deuses 23
2. Centros Sagrados 40
3. Cristianismo e Reencarnação 50
4. O Plano Astral 60
5. O Culto de Ísis 69
6. Alguns Recursos para a Meditação 77
7. Ensinamentos Acerca da Aura 88
8. Dificuldades que Incidem sobre
   a Cura Espiritual 98
9. Marés e Ciclos de Força 120
10. A Morte de Vivien Le Fay Morgan 131
Pós-Escrito: O Mito da Távola Redonda 144
The Society of the Inner Light 151

Introdução
de Gareth Knight

Aspectos do Ocultismo é uma coletânea de artigos selecionados a partir da revista *Inner Light*, de Dion Fortune, publicada entre outubro de 1927 e agosto de 1940, sendo as suas colunas ocupadas de modo geral pela própria Dion Fortune. Foi nessas colunas que algumas obras da autora, como é o caso de *A Cabala Mística* (publicado pela Ed. Pensamento), viram a luz pela primeira vez. Mas a revista apresentava igualmente muitas obras de menor fôlego, escritas apressadamente a fim de cumprir prazos, obras que merecem ser preservadas em livro devido às informações que oferecem a estudiosos interessados. Esse é o motivo da existência desta coletânea.

Escritas nas condições em que foram, de modo geral sob pressão, e com poucas oportunidades de revisão, têm essas obras o seu fascínio particular, porque muitas vezes Dion Fortune começava por algum assunto razoavelmente geral e, então, à medida que se envolvia com o seu tema, era de certo modo levada por ele, passando a tratar de questões técnicas e práticas da magia que, no clima de sua época, a autora normalmente relutaria em divulgar. É o que sucedeu com o primeiro capítulo deste livro, "Deus e os Deuses". Começa ele como uma espécie de visão geral da religião comparada tal como a concebia a autora, como uma espécie de defesa antecipada da acusação de que ela dificilmente poderia ser considerada cristã, dado que abria a porta a todos e quaisquer deuses pagãos.

Ela começa tentando definir o que querem precisamente dizer os fiéis ao se referirem a anjos, arcanjos e santos, de um lado, e a deuses e deusas, do outro. A partir disso passa ela naturalmente ao modus operandi da magia. Isso significa que, de seu ponto de vista, todas essas formas imaginadas foram moldadas em substância astral pela mente coletiva dos fiéis — e podem ter sido então ativadas ou animadas por forças cósmicas. Em conseqüência, os fiéis estão praticando a magia, quer se dêem conta disso ou não.

O fiel individual que combina crença particular com desejo expresso em atitude de oração pode muito bem perceber uma sensação de poder, sentir uma presença divina ou interior. O mecanismo é o mesmo, seja ele um preocupado viajante que invoca São Cristóvão, ou Mercúrio, aquele que traz asas nos calcanhares. A força divina que se acha na base dessa invocação é a mesma, não importa seu rótulo metafísico — Deus, o Cosmos, o Nous, Ain Soph — embora o canal verdadeiro por meio do qual ela flui seja o que se pode descrever tecnicamente como um elemental artificial.

Entra-se em contato com o caminho do poder e faz-se discernimento dele mais ou menos da mesma maneira, revela ela, quer se trate de um fiel ou de um mago cerimonial. Todo o processo reside no espelho mágico da imaginação, que pode não ser tão subjetivo e fantástico como se costuma supor.

É possível que essas formas adquiram algum grau de aparência objetiva na presença de um médium "materializador" em transe, técnica um dia favorecida, por exemplo, pelo movimento espiritualista. Mas é discutível se isso constitui uma grande vantagem, dado que, sendo essa substância maleável para o pensamento, tudo o que tem probabilidade de aparecer já se encontra na imaginação do médium.

Cobrir um espaço confinado por uma enorme nuvem de incenso não constitui uma técnica inteiramente praticável, tendo um efeito contraprodutivo sobre os órgãos respiratórios dos celebrantes, da mesma maneira como o uso de substâncias nocivas não se presta muito, como o diz delicadamente Dion Fortune, a exibições em salas de estar, se esse é o ambiente no qual se pretende praticar magia. Embora um local reservado a esse uso específico apresente sem dúvida vantagens, o templo de um mago moderno é do tipo "não construído pelas mãos". Esse templo é construído no interior da imaginação consagrada e, com uma mente destra e preparada, isso pode ser uma experiência sobremodo intensa.

Como o diz Dion Fortune, uma coisa é fazer uma invocação, mas o que precisa ser controlado é a força correspondente que está no interior do mago. A sua observação deveras espontânea segundo a qual "Marte é uma potência fácil de invocar à aparência visível" está sujeita a alguma incompreensão. Ela não está se referindo à figura da divindade romana armada e barbuda perambulando ao redor do templo, mas ao fato de que, se não se controlarem de maneira adequada as forças, os participantes que seguem esse tipo de invocação podem se ver diante de ridículas altercações. Quando se trata de questões relativas a Vênus, aplica-se esse mesmo princípio, ainda que de maneira um tanto mais íntima. Quanto à Lua, podemos nos ver na atmosfera comparativamente mais fácil do auto-engano.

Decorre disso que a intenção espiritual é absolutamente importante; não se deve invocar em vão tudo o que se move nos planos interiores, num espírito de aventura sem propósito ou por mera curiosidade. Felizmente, em termos práticos, a maioria dos iniciantes se acha protegida de sua própria incompetência. O propósito da ação cerimonial que Dion Fortune tem em mente é o aprimoramento do caráter e, no tocante a isso, a construção do talismã apropriado pode ser um útil auxílio, devendo ser orientada por um mapa astrológico.

Nesse sentido, quer se desse conta ou não, Dion Fortune estava caminhando diretamente nos passos do grande mago da Renascença, Marsilio Ficino, tradutor dos textos herméticos, que desde então recebeu um maior reconhecimento por meio do trabalho acadêmico de Frances Yates em *Giordano Bruno e a Tradição Hermética* (publicado pela Ed. Cultrix) e *The Art of Memory*.

Embora o artigo em questão date de 1933, ela revela suas simpatias por idéias que seriam abraçadas, uma ou duas gerações mais tarde, pelo movimento neopagão. Isso não quer dizer que Fortune tenha sido uma bruxa não declarada, ao contrário do que foram levados a especular alguns entusiastas tardios, dado que ela conservou ao longo de toda a sua vida um profundo respeito pela tradição e pela crença cristã, bem como pelo hermetismo cabalista. Aqui ela chama a atenção para os benefícios da observação do ano solar e para "a adoração de Deus tornado manifesto na natureza", seja no misticismo direto da natureza ou nas divisões tradicionais do ano solar pelos planetas, pelos signos do zodíaco e pelas ondas elementais. Em seu trabalho prático, ela se voltava para os antigos panteões do Egito, da Grécia e da Caldéia. Ela revelava uma profunda simpatia pelo renascimento da tradição nativa, o que inclusive fez que ela mantivesse um centro em Glastonbury, local que ela sentia ser o coração dessa tradição, combinada com uma forma primitiva de cristianismo mediante as lendas de José de Arimatéia e do Santo Graal.

Elementos disso podem ser encontrados em seus romances *The Winged Bull* e *The Goat-Foot God*, bem como no capítulo, aqui incluído, sobre os "Centros Sagrados". A idéia de um centro da Cabeça e do Coração em todos os países foi expressa desde o começo em seu trabalho prático com seu grupo. Por esse motivo, fundaram-se em 1924 dois centros para o uso do grupo, um em Glastonbury, o centro cardíaco da Inglaterra, na caracterização do grupo, e o outro em Londres, a capital e centro intelectual do país.

Mas esses não foram os únicos centros a figurar em suas primeiras aspirações. Eles tinham ainda um centro dedicado à cura espiritual, numa colina dos South Downs, a sudoeste de Londres, e outro centro que aspirava à melhoria ambiental das condições de vida nos centros urbanos, na pioneira "cidade jardim" de Letchworth. O grupo sentia que esta cidade mantinha vínculos espirituais com a localidade vizinha de St. Albans, cenário do primeiro martírio cristão da Grã-Bretanha. Era igualmente a cidade natal de Francis Bacon, com as suas várias ligações esotéricas, na tradição teosófica, com o Conde Rakoczim, para não mencionar a alegada conexão shakespeariana, com que a mente de Dion Fortune estava em sintonia, talvez por serem ela e Shakespeare membros da mesma loja rosacruz. Há aqui, para a mente especulativa, um terreno fértil!

As crenças de Dion Fortune acerca de linhas de força que circundavam as catedrais e locais de antiga extração se anteciparam a boa parte da atual explosão de interesse por esses temas. Não que ela tenha sido uma pioneira solitária, dado que cita obras significativas da época, como *Mysteries of Britain,* de Lewis Spense, mas está claro que ela tinha condições de discernir o lado para o qual sopravam os ventos no pensamento esotérico, ao mesmo tempo em que mantinha um equilíbrio tríplice entre os caminhos cristão, hermético e pagão.

Se as linhas de força entre catedrais e antigos centros representam uma avaliação esotérica do espaço geofísico, então o ensaio de Fortune sobre "Marés e Ciclos de Força" representa uma avaliação esotérica do tempo geofísico. Esse artigo data do final da década de 1920, e demonstra os fundamentos de sua observância das marés elementais no âmbito de seu grupo, cuja nomenclatura pode não ser evidente de modo imediato.

Do Equinócio Vernal ao Solstício de Verão
Maré do Fogo – Evolução e iluminação espiritual.

Do Solstício de Verão ao Equinócio de Outono
Maré da Terra – Fecundidade e feriados.

Do Equinócio de Outono ao Solstício de Inverno
Maré do Ar – Trabalho mental e novos projetos.

Do Solstício de Inverno ao Equinócio Vernal
Maré da Água – Limpeza, purificação.

A observância dessas ondas sempre desempenhou um importante papel na obra esotérica de sua Fraternidade, e vigia aí a expectativa de que os membros meditassem seriamente a respeito delas. Na verdade, ensinava-se que a percepção consciente dessas ondas tornava o seu poder mais eficaz na indução do progresso espiritual e no trabalho efetivo do iniciado.

Dion Fortune foi, durante a maior parte de sua atividade oculta, médium. Não uma médium do tipo espiritista, que faz contato com a personalidade de pessoas recém-falecidas, mas daquele que os seus contatos preferiam denominar médium cósmico, alguém que transmite ensinamentos esotéricos a partir de uma fonte mais elevada. Durante parcela importante de sua vida, ela e o grupo se mostravam sobremodo reticentes no tocante a isso, e tratou-se de algo que só veio a ser admitido, e de forma bastante indireta, perante os leitores da revista *Inner Light*, e, de modo mais público, em 1942, no jornal espiritualista *Light*. De qualquer maneira, uma amostra direta de seu trabalho nessas linhas é fornecida no capítulo intitulado "O Plano Astral"; é dada aí a oportunidade de julgar a diferença de estilo e de conteúdo entre ensinamentos diretamente "recebidos" e ensinamentos escritos do modo costumeiro pelo eu consciente da autora.

Em toda a história de sua Fraternidade, enfatizava-se que o importante era o valor intrínseco da comunicação, em lugar de sua alegada fonte. Havia quem, no âmbito da Fraternidade, fizesse experiências com esse tipo de trabalho numa ou noutra ocasião, e aqui, mais uma vez, é discernível uma diferença tanto em termos de qualidade como no tocante ao estilo. Esta introdução não é o lugar adequado a uma análise desse tema de tamanha complexidade, que pode muito bem requerer um volume exclusivo.

"O Culto de Ísis", em virtude de seu estilo e de seu conteúdo, parece ter vindo de uma fonte semelhante, embora tenha vindo à luz, em forma ficcional, em seu romance *A Sacerdotisa do Mar* (publicado pela Ed. Pensamento). Nessa história, uma presença do plano interior conhecida como O Sacerdote da Lua trabalha por meio de Vivien Le Fay Morgan. O templo ficcional, como ocorre com a maioria das locações dos romances de Dion Fortune, tinha a sua contraparte na vida real. Assemelha-se a uma antiga fortificação datada das guerras napoleônicas, sita um pouco acima do Canal de Bristol, da pequena parte da costa ocidental da Inglaterra que fica face a face com o amplo Atlântico, uma região não obstruída pela costa da Irlanda. Fica ao final de um promontório conhecido como Brean Down e, embora estivesse abandonada e desolada na época de Dion Fortune, a região se acha hoje consideravelmente desenvolvida por meio de parques turísticos, embora o Down propriamente dito seja preservado pelo National Trust [órgão inglês do patrimônio histórico] como sítio de interesse natural e arqueológico.

Na vida real, Dion Fortune praticava os Ritos de Ísis, bem como de Pã, numa antiga igreja presbiteriana convertida de Londres conhecida como o Belfry [Campanário]. Algo de sua disposição no espaço, embelezado para propósitos institucionais, se acha descrito em seu último romance, *A Sacerdotisa da Lua* (publicado pela Ed. Pensamento). Esses eventos eram abertos ao público, embora de modo geral a um público seleto, numa estranha combinação de ritual e representação teatral. Partes do texto do rito de Ísis também foram publicadas em *A Sacerdotisa do Mar* e em *A Sacerdotisa da Lua*, tal como partes do rito de Pã se acham presentes em seu romance anterior, *The Goat-Foot God*. Nessas tentativas de levar a celebração dos Mistérios a um público mais amplo, é interessante recordar uma iniciativa semelhante de Mina e S. L. MacGregor Mathers que apresenta um Rito de Ísis em Paris muitos anos antes.

A protagonista tanto de *A Sacerdotisa do Mar* como de *A Sacerdotisa da Lua* se faz presente no fragmento ficcional deste livro intitulado "A Morte de Vivien Le Fay Morgan", que, estritamente falando, vem das mãos de Margaret Lumley Brown, a quem coube em larga medida a função de Dion Fortune na Fraternidade da Luz Interior entre 1946 e 1961. O fragmento data de 1957, sendo em alguns aspectos um fascinante objeto de especulação histórica.

Margaret Lumley Brown estava sendo pressionada na época, talvez contra seu próprio melhor julgamento, a fazer contato mediúnico com Dion Fortune com vistas a produzir mais alguns romances desta. A tentativa foi obedientemente feita, e um fragmento foi o único resultado.

Poder-se-ia dizer, como era hábito de Dion Fortune referindo a alguns de seus próprios escritos, que, seja qual for a opinião que se tenha acerca de sua qualidade, foi esse fragmento ao menos uma interessante experiência psicológica. Há em suma várias opções de avaliação dessa experiência. Incluem-se entre elas:

a) Trata-se de um pastiche criado a partir da lembrança subconsciente de Margaret Lumley Brown de eventos e personalidades da Fraternidade da Luz Interior por volta de 1946;
b) Trata-se de um contato mediúnico com Dion Fortune que oferece um relato codificado de seu próprio falecimento;
c) É Margaret Lumley Brown ou Dion Fortune tentando de uma vez por todas encerrar com a existência de uma cansativa personagem ficcional que muitas pessoas estavam levando demasiado a sério.

Seja qual for a opção, a obra pode ainda ser considerada uma espécie de *conte à clef* que envolve um jogo de adivinhação sobre quais pessoas da vida real podem ser representadas por várias personagens de ficção. Anita parece ser bem adequado a Anne Fox (mais tarde Greig), que era uma acólita e devota pessoal bem íntima de Dion Fortune antes e depois do falecimento desta. Lena Rees corresponde bem a Maiya Tranchell-Hayes, uma antiga amiga de família que foi a primeira mentora de Dion Fortune na Golden Dawn em 1919-1921, bem como, depois, em 1941-1942. Malcolm e Wilfred não são identificados com tanta facilidade, ainda que, se tivesse de escolher, eu os associaria com dois membros destacados da Fraternidade, o coronel C. R. F. Seymour e W. K. Creasey, respectivamente. Os dois estiveram envolvidos com ela em trabalhos relativos a Ísis. Mas na verdade essas duas personagens têm por origem obras ficcionais anteriores, e não estou inclinado a encontrar para elas modelos da vida real.

Arthur Chichester, que a sucedeu na função de administrador, pode muito bem ser o modelo de George Brendan. Ele se integrou à Fraternidade em 1941, e Fortune costumava referir-se a ele como o seu jovem "sacerdote do sol". A "curiosa iluminação independente" mencionada no fragmento ocupou em anos ulteriores um lugar de muito destaque, quando, em 1961, Chichester imprimiu à Sociedade uma forte orientação mística, num gênero de hermetismo cristão aliado a uma forte preocupação com o Ser Planetário, que hoje costuma receber o nome de Gaia. Chichester teve de modo geral uma imagem muito má, em função da comparação com a sua predecessora mais carismática; mas não foi um peso leve espiritual.

Talvez seja apropriado, neste momento, em favor da causa da justiça natural, corrigir uma percepção errônea sobre W. K. Creasy, percepção expressa ao menos algumas vezes em fontes impressas. Creasy mereceu variadas descrições: como "um homem intenso e aparentemente limitado" e como "um cristão místico de devoção precária" em pronunciamentos que foram pouco mais do que mexerico especulativo. Posso garantir que nada poderia estar mais longe da verdade. Ele era místico, mas do tipo que tem os pés no chão e um coração generoso, como o seu nome mago, Sandalfon da Terra, poderia levar a crer. Foi na realidade Creasy que selecionou para publicação os artigos desta coletânea e os do volume coligado, em 1962, uma gama de artigos que dificilmente sugerem "um cristão místico", ao contrário do que foi dito.

Outra ovelha desgarrada de "A Morte de Vivien Le Fay Morgan" é a referência a um "relato da magia do Sol, que se acha entre os meus papéis secretos", que fez muitos se dedicarem a inquirir a respeito desses papéis. Digamo-lo de uma vez por todas aqui que essa referência parece ser de todo ficcional e que nada desse gênero se acha oculto nos arquivos da Society of Inner Light. Trata-se a meu ver de uma referência indireta a *A Doutrina Cósmica*, uma série de informações recebidas por Dion Fortune no período 1923-1925, que ela considerava o mais importante trabalho que fizera em toda a sua mediunidade cósmica. Usadas como manual de treinamento de pupilos adiantados, essas informações permaneceram inéditas até 1949, três anos depois da morte de Dion Fortune. Formam uma exposição metafísica que tem por base o conceito segundo o qual os Logoi Solares são responsáveis por sistemas de vida evolutivos por todo o cosmos, sendo por isso claramente pertinente ao domínio do que se poderia denominar "magia do sol".

Em "O Mito da Távola Redonda", temos um dos primeiros exemplos do interesse perene de Dion Fortune pela lenda arturiana, que era parte de sua íntima identificação com Glastonbury, tal como expressa em seu livro *Glastonbury — Avalon of the Heart*, uma bela evocação do espírito do "mais sagrado recanto da Inglaterra".

Sua obra arturiana veio a se desenvolver nas sessões secretas que realizou com Maiya Tranchell-Hayes nos anos de 1941 e 1942, de que resultou um texto conhecido como a *Arturian Formula*. Margaret Lumley Brown aprimorou esse trabalho e, sob a administração de Arthur Chichester, formou a base de boa parte do trabalho espiritual do grupo até 1961. A maioria das informações desse material veio a público em 1983 por meio de *The Secret Tradition in Arthurian Legend*, escrito depois de um celebrado seminário que girou em torno do material e que se realizou em 1981 na Hawkwood College.

"Alguns Recursos para a Meditação" apresenta a essência do método de treinamento geral dos recrutas da Fraternity of Inner Light ao longo dos anos. Dion Fortune demonstra mais uma vez a sua inclinação a uma abordagem eclética, buscando evitar o desenvolvimento unilateral e promover um sentido de proporção.

Essa abordagem permeia toda a sua obra, abarcando meios devocionais, herméticos ou elementais de expressão esotérica. Ela por vezes levou entusiastas de um ou de outro desses caminhos a considerá-la adepta exclusivamente de seu próprio caminho, preferindo ignorar a linha mais ampla que ela seguiu, ou então criticando-a por não seguir exclusivamente suas respectivas referências mais estreitas. Acreditando que "os caminhos de Deus são múltiplos como a respiração dos homens", ela sempre buscou uma abordagem que pudesse incluir o místico cristão, o fiel dedicado ao culto da natureza, o entusiasta da magia e o psicoterapeuta. Em algumas ocasiões predomina uma ou outra abordagem específica de acordo com as ondas interiores que circulavam a cada momento, mas ao longo de sua vida como um todo o equilíbrio foi mantido.

Seu capítulo sobre "Cristianismo e Reencarnação" advém da percepção de que o seu sincretismo amplo poderia constituir para alguns uma dificuldade, particularmente em se tratando da pessoa mais ortodoxa que pode estar começando a tomar contato com o ocultismo. O forte endosso que ela dá à Cabala é digno de atenção por ter sido escrito no período de 1929-1930, pouco antes de encetar a elaboração de sua celebrada obra *A Cabala Mística*, que foi apresentada durante quatro anos como série em sua revista antes de ser publicada, em 1935.

"Ensinamentos Acerca da Aura" e "Dificuldades que Incidem sobre a Cura Espiritual" representam uma faceta de Dion Fortune que foi pouco conhecida enquanto ela vivia, a não ser pelo seu círculo imediato. Trata-se de uma preocupação de longa data com a medicina esotérica cuja primeira manifestação ocorreu em seu trabalho de transe com Maiya Curtis-Webb em 1921 e que só veio a assumir corpo sólido pouco depois de seu casamento com o doutor Thomas Penry Evans. Revivida com a cooperação de Maiya (agora Tranchell-Hayes), redundou na seleção de praticantes qualificados de medicina nos anos de 1941 e 1942, tendo sido mais tarde desenvolvida e até certo ponto consolidada por Margaret Lumley Brown em colaboração com o doutor Edward Gellately, um brilhante jovem médico que era membro da Fraternidade no pós-guerra. Foi publicado bem recentemente com o título *Principles of Esoteric Healing* pela Sun Chalice Books.

Os exercícios de visualização da aura em conjunção com a Árvore da Vida, recomendados em "Ensinamentos

Acerca da Aura" e em "Dificuldades que Incidem sobre a Cura Espiritual", são semelhantes às técnicas de diagnóstico ensinadas pelo Mestre de Medicina. Foram também postos em prática por Margaret Lumley Brown na realização de uma revisão esotérica de candidatos à iniciação superior no âmbito da Fraternidade. Posso afirmar por experiência pessoal que ela era embaraçadoramente precisa! Dion Fortune revelou as suas próprias pesquisas dessas formas de leitura da aura em suas Cartas Mensais de 1943-1944, mais tarde publicadas em forma de livro, com a autoria de Dion Fortune e de Gareth Knight, com o título *Principles of Hermetic Philosophy* (Loughborough, Leichester, Inglaterra, Thoth, 1999).

CAPÍTULO 1

Deus e os Deuses

Estamos tão acostumados a pensar no cristianismo, no judaísmo e no islamismo como as três religiões monoteístas, que todo o resto é considerado politeísta e pagão. Mas se examinarmos de maneira mais acurada as coisas, descobriremos que as religiões mais politeístas são no âmago monoteístas e que mesmo as religiões alegadamente monoteístas têm um certo parentesco com o politeísmo no tocante a alguns dos aspectos que exibem.

O monoteísmo e o politeísmo são princípios gêmeos fundamentais que representam o uno e os muitos. Nunca a mente humana concebeu uma religião que não fosse monoteísta. Mesmo os mais primitivos animistas dispunham de algum conceito de um pai dos deuses que fez o céu e a terra e que exerce alguma espécie de domínio sobre os inúmeros demônios de sua devoção. Quanto mais desenvolvido e filosófico se torna, com tanto maior clareza o politeísmo concebe Aquele Que cria e domina os muitos.

A abordagem mais próxima do monoteísmo que existe é o cristianismo ultraprotestante, que perdeu a sua angelologia; e mesmo nesse caso se trata de um diteísmo, dado que se cultua tanto Deus Filho como Deus Pai. Quanto a Deus Espírito Santo, do qual tem pouca compreensão, essa abordagem mantém-se em silêncio e, para todos os propósitos práticos, O ignora. O cristianismo católico substituiu os deuses pelos santos, e desenvolve e encoraja aquilo que recebe o nome de "dulia", a veneração que tem por alvo manifestações menores e especializadas da divindade. Os diferentes santos, em virtude de suas experiências pessoais e de suas conseqüentes simpatias presumidas, presidem a diferentes aspectos das necessidades e atividades humanas. São Cristóvão é o santo padroeiro de todos os viajantes. Há ainda santos locais, os padroeiros dos lugares, a que se fazem peregrinações e para os quais se dizem orações. Qual a diferença entre esse conceito e o conceito politeísta hindu, com as suas hostes de divindades, especializadas e localizadas? Que diferença há em princípio entre Ganesha, o deus dos agiotas, e Cristóvão, santo padroeiro dos viajantes?

A única diferença real reside no fato de o católico instruído não rezar para o santo como o dispensador de bênçãos, mas em vez disso implora ao santo que interceda por ele junto à Divindade. Trata-se de um aspecto sutil porém importante. O católico não instruído, no entanto, faz as suas orações e pequenas oferendas diretamente ao santo, sem se perturbar com essas sofisticadas distinções; a sua atitude é exatamente a mesma do hindu não instruído. A invocação de uma força especializada, que se crê especialmente apropriada a uma dada ocasião e, portanto, mais eficaz do que uma benevolência generalizada, está profundamente arraigada na natureza humana. O paciente em consulta no hospital rejeita desdenhosamente os conselhos sobre a higiene, e exige um vidro com uma poção com o sabor mais carregado e com o mais extravagante colorido possível. Constitui uma característica inerradicável da natureza humana desejar alguma coisa definida e tangível que se possa ver e tocar; São Tomé, o discípulo que duvida, é o santo padroeiro de muito mais pessoas do que aquelas que lhe invocam o nome; e é digno de nota que Nosso Senhor não exprimiu nenhuma desaprovação pronunciada dessa cautela, mas permitiu que Tomé fizesse a sua experiência e provasse por si mesmo.

É à própria natureza da nossa mente que se deve essa necessidade que temos de coisas definidas e palpáveis; porque a nossa mente é constituída pela experiência de imagens sensoriais, e não conhece outra linguagem. Somente por meio da prática da meditação se constrói o poder de conceber idéias abstratas, e as pessoas menos desenvolvidas intelectualmente nunca logram fazê-lo. Para elas é essencial a tradução em termos de imagens concretas. O Deus Uno é para o iniciado — os muitos devem ter os Muitos. Deus tem de se encarnar, tem de ser feito homem antes de poder estar ao alcance da percepção do homem.

O relacionamento em termos de impressões é em muitos casos um relacionamento de fato quando estão envolvidos os santos católicos mais locais. Uma quantidade bem pequena de pesquisas arqueológicas serve para provar que os santos locais são em sua grande maioria divindades pagãs locais, ou divindades que mereciam importantes festivais locais, divindades que, com festivais e todo o resto, foram assimiladas pela Igreja Católica Romana quando esta se organizou no campo da atividade missionária.

Havia muita sabedoria nisso, porque as divindades locais e seus festivais eram uma fonte de renda para os moradores, e sua abolição teria provocado não somente dificuldades locais como resistência e rebelião. A coisa sábia, e simples, no trato com o povo ignorante, consistia em cristianizar a divindade e canonizá-la, bem como proporcionar-lhe uma lenda apropriada. Assim, as pessoas de idade se encarregavam do lucrativo negócio do festival-com-feira, sendo os jovens entretidos com a lenda; e todos ficavam felizes à sua maneira simples, e numa geração a conversão se efetuava sem que se infligissem dificuldades a quem quer que fosse. A Igreja Católica Romana é uma Igreja muito sábia; ela adapta os seus métodos à natureza da mente humana em vez de tentar alterar a natureza do homem daquilo que é para o que deve ser como passo preliminar para a salvação.

Nas fés pagãs prevalecem os mesmos princípios. A alma simples gosta de deuses, de uma multiplicidade deles, com todos os sabores e com muito colorido; mas o homem instruído e ponderado desenvolve a idéia do Deus por trás dos deuses, do Criador e Mantenedor, Cuja natureza determina a natureza de Sua criação; o bem-estar do homem, neste mundo e no próximo, depende da relação correta com esse Criador. Não se trata de um Deus Que se contente com oferendas queimadas, mas um Deus Que exige uma vida de retidão.

O judaísmo monoteísta muito se assemelha em espírito, em seu lado ortodoxo, com o cristianismo protestante, que na verdade retira a sua inspiração muito mais do Antigo Testamento do que do Novo Testamento. Mas o judaísmo místico, o judaísmo da Cabala, conhece os Dez Arcanjos Sagrados, os espíritos que ficam diante do trono, bem como inúmeros coros de anjos, que são seus servos. Trata-se da exata analogia com os santos e deuses de outras fés. E a tal ponto que existe o que recebe o nome de tábuas de correspondências; nelas, os santos, deuses e anjos são classificados em suas respectivas categorias; e nenhum estudioso sério, tendo diante de si os fatos, cuida de refutar essa classificação, dado o pouco atrativo que ela pode representar para uma mente que vê apenas um lado, mente para a qual a verdade foi transmitida, de uma vez por todas, em sua pequena Betel de teto de zinco.

Para compreender o ponto de vista de alguém, temos necessidade de nos colocar em seu lugar e entrar aí imaginativamente, ainda que não simpaticamente. Devemos muitas de nossas concepções errôneas da fé de outras pessoas ao fato de os primeiros tradutores de seus livros sagrados serem em muitos casos missionários cristãos, que reservavam para a expressão de seus próprios ensinamentos todas as palavras de sentido laudatório, empregando para os ensinamentos dos oponentes, mesmo quando esses ensinamentos eram idênticos aos seus em pontos específicos, palavras com associações depreciativas. Se as palavras que foram traduzidas como deuses tivessem sido traduzidas por arcanjos, como o deveriam, teríamos tido uma compreensão muito melhor com alguns de nossos vizinhos religiosos, se bem que não poderíamos ter contribuído com tanta liberalidade para as sociedades missionárias quanto o fizemos se tivéssemos sabido que a luta espiritual desses nossos irmãos nada tinha de desesperada.

As diferentes grandes fés evoluíram em épocas diferentes da história do mundo, representando diferentes estágios de desenvolvimento espiritual. Quem fez estudos de ciência esotérica sabe que os diferentes níveis de consciência que correspondem aos diferentes planos se desenvolveram em épocas sucessivas da evolução cósmica. Se as grandes fés fossem examinadas do ponto de vista da consciência — isto é, antes da perspectiva da psicologia do que da teologia —, descobriríamos que elas correspondem a essas diferentes fases de desenvolvimento.

Cada religião é construída a partir da base deixada pela sua predecessora, mesmo quando a repudia, e repudia todas as suas obras, e vê os seus deuses como demônios. Cada religião tenta dar uma resposta completa ao enigma da Esfinge. Mas é preciso recordar que o enigma da Esfinge apresentava quatro partes, e em geral se descobre que cada nova fé vem a responder a uma ou a outra parte do enigma, deixando intocado o resto do problema. Assim sendo, cada fé se especializa, e tende ao mesmo tempo a se tornar unilateral.

Descobriremos que a fé mantida como a religião exotérica oficial de sua raça é a fé que fala à mente consciente do homem; que a sua religião pessoal, caso ele tenha uma, é o produto de sua mente supraconsciente; e que a religião popular primitiva de sua raça governa a sua mente inconsciente, preenchendo-a com os seus símbolos e imagens. O passado racial permanece vívido na mente subconsciente de cada um de nós, como o reconhece a escola de psicologia de Zurique; mas ela pode ser evocada a assumir aparência visível de uma maneira com a qual não está acostumado nenhum psicólogo ortodoxo. É a evocação do passado racial que constitui a chave de certas formas de magia cerimonial que têm como meta evocar os Principados e Potestades.

Os diferentes deuses e deusas de uma fé politeísta, ou os anjos e arcanjos de uma fé monoteísta, não são criações divinas nem produtos arbitrários da imaginação. São criações das criaturas moldadas em substância astral de uma maneira bem conhecida pelo esoterista e animadas por forças cósmicas. Uma força cósmica sem forma astral não é um deus; nem o é uma forma divina animada por uma força cósmica. Quando uma força cósmica de tipo puro, isto é, com uma única modalidade específica de atividade, não contaminado por nenhum tipo estranho de energia que a desvie de sua meta única, é corporificada numa forma mental astral de natureza apropriada, que proporciona pelo alcance a suas atividades, temos o que recebe o nome de Elemental artificial. Quando a forma de pensamento em que ocorre a corporificação é constituída pelos esforços conjuntos da mente grupal de uma raça, sendo animada por uma das modalidades primárias de energia cósmica, temos aquilo que algumas fés chamam de deus e outras de arcanjo.

Logo, um deus é um Elemental artificial de um tipo bastante potente, construído durante longos períodos de tempo por gerações sucessivas cujas respectivas mentes adviram do mesmo molde. Trata-se pois de uma forma de tamanha potência que nenhum evocador pode alimentar a esperança de dominá-la da maneira como o faria caso se tratasse de um Elemental criado por ele mesmo. Este último deve entregar-se à influência dessa forma e permitir-lhe dominá-lo caso ele pretenda evocá-la à manifestação visível. O próprio operador é o canal desta evocação. É em sua imaginação que a imagem tanto do deus como do elemental se constitui, e é o aspecto correspondente de sua própria natureza que proporciona à forma a força que a anima. No entanto, quando se trata de um Elemental artificial, a totalidade da força tem uma derivação subjetiva; no caso de um deus, forças objetivas, raciais, cósmicas, passam pelo aspecto correspondente da natureza do operador com vistas a animar a forma em questão.

Na grande maioria dos casos de magia evocativa, a forma é construída no plano astral e só pode ser concretamente vista pelo clarividente, ainda que toda pessoa sensitiva possa sentir-lhe a influência. Só quando há um médium materializador como membro do círculo pode a materialização ocorrer, tornando-se a forma evocada visível aos olhos físicos. Pode-se induzir um tipo tênue de forma a se constituir usando certas substâncias que produzem ectoplasma, sendo a principal delas o sangue fresco; também é possível empregar excrementos com esse mesmo propósito. Mas há necessidade de uma considerável quantidade dessas substâncias desagradáveis para se obter uma forma dotada de algum grau de definição, sendo a sua virtude fugidia, dado que o ectoplasma se terá desfeito à altura em que o calor do corpo tiver desaparecido. Por conseguinte, para todos os propósitos práticos, esses materiais não são úteis para o operador sob as condições normais da vida civilizada; nem é possível, por meio deles, induzir à manifestação um tipo muito elevado de presença. É no entanto necessário mencioná-los dado que o fato de eles emanarem ectoplasma explica alguns fenômenos patológicos ocultos. Há ainda aqui um campo de pesquisas para o estudioso cientista que disponha dos equipamentos de laboratório necessários, ainda que, por motivos óbvios, os materiais aludidos não se prestem a demonstrações em salas de estar nem a operações em círculos domésticos.

É digno de nota, em conexão com isso, que a constipação, que se define como o acúmulo de uma grande quantidade de excrementos no interior do corpo, costuma ser identificada em casos de alucinação obsessiva, algo que desaparece imediatamente com o exorcismo de um purgante, sendo provável que o acúmulo de fezes constitua a base física da entidade responsável pela obsessão.

De modo geral, o mago iniciado, exceto quando envolvido em alguma experiência ou pesquisa especiais, se contenta em evocar à aparência visível no plano astral, a depender de seus poderes mediúnicos de comunicação com a entidade invocada. Ele não corre o risco de evocar à aparência visível no plano físico porque, se for um médium adequado, o aparecimento astral também serve aos seus propósitos; na verdade, serve com vantagens, dado que esse plano é mais compatível com a natureza dos seres invocados, além de impor menos limitações às atividades destes.

O mago iniciado sabe muito bem que é o seu próprio temperamento o canal da evocação, bem como que é o seu próprio corpo astral que proporciona a base da manifestação. Sabe, pois, que a principal parte de seus preparativos é a preparação pessoal. Parte do trabalho dos Mistérios consiste em desenvolver de modo gradual os diferentes aspectos do microcosmo, que é o homem, assim como em vinculá-los, mediante os símbolos plantados na consciência, com os aspectos macrocósmicos correspondentes, que são os deuses. Uma vez que tenha atingido um determinado grau, o discípulo deve ser capaz de evocar os seres de todos os graus correspondentes ao tipo específico de força cósmica; e não somente de evocá-los, dado que isso está ao alcance de toda pessoa dotada de um pouco de conhecimento e de muita imaginação, como também de controlar as manifestações desses seres quando evocados. Para esse fim, cumpre-lhe ter a força correspondente em seu próprio ser purificada, desenvolvida, equilibrada e controlada. O seu controle da manifestação objetiva depende por inteiro do seu controle do fator subjetivo, ou traço de caráter, correspondente. Marte é uma potência fácil de invocar à aparência visível, mas difícil de controlar uma vez evocada; porque o controle das potências Geburah depende por completo do controle que temos de nosso temperamento. Aplica-se o mesmo a Vênus: o nosso poder sobre os caprichos está na dependência do controle que tivermos de nossas próprias emoções. A fim de operar na esfera de Luna [a Lua], temos de estar seguros da precisão de nosso psiquismo, o que tem como requisito o controle dos pensamentos.

Um dos mais importantes usos das ações cerimoniais reside no poder de energização de todo aspecto de nossa natureza, e, por conseguinte, na promoção de uma profunda mudança de caráter, o que se traduz em fazer numa breve hora de trabalho aquilo que anos de árduo esforço e autodisciplina podem não conseguir concretizar. Não pode o homem tornar-se destemido por meio da força de vontade; só está ao seu alcance manter sob controle as manifestações de seu temor; não obstante, recorrendo a uma operação de Marte, pode ele alterar de maneira fundamental a sua natureza. É esse o motivo pelo qual a magia cerimonial, e de modo particular a magia talismânica, se configura como um complemento essencial da astrologia; porque a astrologia constitui o diagnóstico do problema, mas a magia é o tratamento deste, tratamento por intermédio do qual as forças em oposição que se acham em nossa natureza são levadas ao equilíbrio.

Todavia, para que seja possível discernir as reais necessidades de uma natureza, essas atividades só podem ser realizadas quando se dispõe do adequado conhecimento. Pouco aproveita realizar uma operação de Marte para uma pessoa cujos temores se devem, não à falta de coragem, mas à posse de uma imaginação demasiado vívida; é indicada nesse caso uma operação de Luna. Uma operação de Marte realizada por engano vai apenas tornar a pessoa excessivamente irascível.

O registro kármico também deve ser levado em consideração quando se realiza magia operativa de um tipo concentrado, dado que algumas manifestações desequilibradas de caráter podem ser da natureza das reações, ou da ordem daquilo que os psicólogos denominam ultracompensações. Por exemplo, a timidez com vistas à qual é desejada uma operação de Marte pode ser decorrência de uma falta de sabedoria no passado que, tendo produzido desastrosas conseqüências kármicas, ainda se acha nesse momento sendo tratada. A concentração de uma força marcial não vai ser de ajuda quando se está diante de uma condição assim caracterizada, tendendo em vez disso a gerar novos problemas a ser resolvidos.

Ademais, nunca se deve realizar uma operação isolada, mas sempre num par equilibrador de opostos, sendo de modo geral uma atitude ponderada realizar a operação do Pilar oposto antes de empreender a operação cujo efeito é especificamente desejado. Por exemplo, se se desejam obter os efeitos energizantes de Marte (Geburah, Severidade), é altamente aconselhável realizar dias antes uma operação de Júpiter (Chesed, Misericórdia), que equilibra Marte na coluna oposta da Árvore da Vida quando os símbolos são estabelecidos de acordo com o sistema dos cabalistas. Quando se procede dessa maneira, todo o benefício de Marte será obtido sem nenhum dos ônus de sua influência desequilibrada.

Embora a forma altamente concentrada de uma força deva ser aplicada tão-somente por um especialista a alguém que tenha passado pela necessária preparação correspondente a essa aplicação, poucas devem ser as dúvidas quanto ao fato de que a vida pode se tornar muito mais rica e o nosso temperamento bem mais vívido e equilibrado se se observarem as épocas e estações da maneira como as observam todas as fés primitivas que estão em estreito contato com a natureza. O aspecto católico da fé cristã, que é o mais oculto aspecto que esta apresenta, observa escrupulosamente as estações do ano cristão, que se configura em verdade como um ano de culto solar; mas o seu aspecto protestante não percebe de maneira alguma aquilo que faz, e percorre todos os cinqüenta e dois domingos usando um único conjunto de toalhas de altar e uma única veste cerimonial simples branca.

Os Quatro Elementos, os sete planetas e os doze signos do Zodíaco são fatores primordiais do cosmos.

Cada um deles tem as suas marés e estações de ascendência, bem como seus símbolos e ritos apropriados, desenvolvidos num ou noutro dos sistemas pagãos de culto da natureza. O culto da natureza, diga-se de passagem, não é idolatria, mas a adoração de Deus tornado manifesto na natureza, constituindo um aspecto de extrema importância tanto de nossa fé como de nossa psicologia, ainda que seja bem pouco compreendido no sistema cristão e nos países ocidentais.

Os diferentes deuses e arcanjos dos diferentes sistemas, egípcio, grego, caldeu, nórdico, que são nativos da nossa cultura, representam as formas de pensamento raciais constituídas a fim de agir como veículos dessas forças cósmicas primordiais. Como têm o caráter da fé primeva de nossa cultura racial, os seus símbolos se acham profundamente ocultos na mente subconsciente de cada um de nós, sendo inteiramente inerradicáveis e capazes de ser evocados à atividade consciente mediante o uso dos meios apropriados.

Todos os panteões pagãos contêm os mesmos fatores devido ao fato de todos sem exceção ter de atender às necessidades de uma natureza humana que não exibe tantas variações em termos de seus ingredientes de raça para raça e de época para época, mas cujas variações decorrem tão-somente da proporção específica de cada ingrediente com que são de modo geral compostos. O norte tem mais cabeça e o sul, mais coração; o leste tem mais intuição e o oeste, mais determinação; porém nem a cabeça nem o coração estão inteiramente ausentes de nenhuma raça na superfície da terra. Em conseqüência, os sistemas são construídos e especializados de acordo com o temperamento do povo a cujas necessidades atendem.

Disso decorre que, quando desejamos realizar um rito de qualquer tipo dado, julgamos conveniente escolher um método que seja o mais apropriado às necessidades do momento e à nossa própria inclinação de temperamento.

A magia caldéia da cabala atrai pessoas imbuídas de um monoteísmo estrito e que consideram como demônios todos os objetos de adoração dotados de nomes pouco familiares. A magia egípcia atrai aqueles que têm uma mentalidade metafísica, assim como os métodos do Mistério Grego atraem os temperamentos artísticos, dado que as invocações gregas dependem da música e do movimento no tocante à sua eficácia.

Esses três sistemas formam a base primordial de nossa Tradição Ocidental; representam ademais os seus aspectos mais altamente desenvolvidos. Não obstante, para todos os propósitos práticos, eles apresentam inúmeras dificuldades de emprego, e as pessoas que experimentam utilizá-los costumam obter efeitos não mais que parciais, exceto quando são obreiros sobremodo avançados ou então quando são dotados de uma atitude e de uma afinidade naturais especiais para a tradição específica de acordo com a qual estão operando.

A razão para isso não é difícil de desvendar. Nenhum desses métodos foi naturalizado em nossas ilhas [do Reino Unido], não nos sendo pois dado encontrar um lugar sagrado no qual fazer os contatos numa atmosfera preparada em que o véu seja tênue e em que o primeiro degrau da escada de Jacó se apóie sobre terreno firme. Acresce que o subconsciente racial, ainda que contenha todos os elementos representados pelos deuses e deusas exóticos (dado que não somos feitos de uma argila especial e peculiar que nos distinga do resto da humanidade), não traz em si os símbolos que evocam essas divindades na forma em que foram erigidos no subconsciente racial das raças que estavam habituadas ao seu uso cotidiano como objetos de adoração. O fato de podermos usar os seus símbolos decorre apenas do fato de essas raças terem desaparecido e de as suas culturas se terem desintegrado; porque, caso fosse vivo, o sistema nos impediria de modo automático o acesso aos seus recintos reservados, a não ser que nos tivesse sido conferido o direito de ingresso. É por esse motivo que nunca podemos operar um sistema vivo de magia com eficácia se não tivermos sido investidos de seus graus. Os sistemas do Vodu e do Tantra são sistemas vedados ao europeu, ao passo que os sistemas egípcio e caldeu são sistemas abertos que podem ser praticados por todos quantos tenham condições para isso, visto que os seus sacerdotes estão mortos e os seus templos se acham expostos ao sol e ao vento, não havendo quem guarde os seus mistérios de profanação, excetuando as forças intrínsecas desses mesmos mistérios. Mas estas são vigias sobremodo efetivas para todos os propósitos práticos já que, se não podem impedir o blasfemo de, por assim dizer, fazer um primeiro avanço, dificilmente vem ele a fazê-lo novamente, dado que as forças que evocou e profanou o levam à destruição.

Mas qual o motivo de devermos considerar como um demônio uma divindade ultrajada? O fato de uma força objeto de abusos se voltar contra o usuário não a caracteriza necessariamente como força do mal. Nunca terá sucedido de alguém ingerir uma dose excessiva, e por isso venenosa, de alguma droga? Ou levado um choque ao tocar a chave de força errada? Ou então calculado erroneamente a temperatura de um objeto e queimar os dedos? Se baníssemos do uso humano, por perigoso, todo objeto ou substância que se tenha revelado em alguma circunstância nocivo, teríamos de existir no vácuo.

Essas forças, contudo, quando tratadas com reverência e compreensão, e depois de se proceder à purificação que o seu culto exige, ainda podem exercer a sua antiga influência sobre o fiel, abençoando-o e iluminando-o nos termos da natureza que as caracteriza e de acordo com a capacidade de reação do fiel.

Essas grandes potências, assim tratadas, têm infinitas possibilidades de fazer que o bem incida sobre a consciência e a vida social; e isso é especialmente o caso em nossa moderna civilização urbana, na qual se perderam os contatos com a natureza, tendo eles sido relegados ao esquecimento — sendo uma conseqüência disso o fato de a mente subconsciente de homens e mulheres ser tão danosos quanto o são estábulos sem higiene. Precisamos que a luz e o ar da atenção consciente sejam voltados para a nossa celeridade subconsciente e que a vassoura da santificação espiritual faça uma rigorosa limpeza de seus detritos e refugos acumulados. Nada há na natureza humana de intrinsecamente impuro, apesar de Santo Agostinho, mas há nela grande número de elementos que seriam atingidos pela gangrena e apodreceriam se os empurrássemos para baixo do limiar da consciência e nos sentássemos sobre a tampa. Julgar que há nela algo de intrinsecamente impuro constitui um falso conceito da natureza humana que se desenvolveu a tal ponto que veio a ser o que há de pior nesta mesma natureza.

Quando nos pomos a negar o lado natural de nossa natureza, assemelhamo-nos à mulher que não limpa uma pia entupida porque esta é demasiado suja para se pôr a mão. Mas a pia só se acha pútrida devido à maneira como a mulher em questão a conservou. Pode ser desagradável estar às voltas com isso quando se põe a mão pela primeira vez e se faz a limpeza, mas, uma vez que a pia esteja limpa, nunca mais haverá necessidade de deixá-la ficar nessas mesmas condições; mas essa pia será uma fonte de envenenamento de todo o lar até que a mulher dela se ocupe.

Os pagãos agiram com acerto quando deificaram e santificaram todos os aspectos do mundo natural e da natureza humana. Os romanos chegaram ao ponto de adorar Cloaca, a deusa dos limpadores de esgotos e dos varredores de rua, que eram muito mais limpos e higiênicos em seus hábitos do que as gerações que os sucederam, gerações cujos santos se recusaram a limpar por amor a Deus.

Cumpre resgatar a reverência pelas coisas naturais, bem como o respeito pelo corpo e por suas funções; cumpre ainda adorar Deus tornado manifesto na natureza, mesmo que Ele assuma a forma de Cloaca, se é nosso desejo ser dotados de alguma real saúde mental, corporal ou doméstica e retornar quais filhos pródigos ao seio de nossa Grande Mãe, único lugar em que se pode encontrar a cura para as enfermidades advindas do excesso de civilização e da deficiência de sol e de ar.

CAPÍTULO 2

Centros Sagrados

"... Porque o chumbo e o estanho não são produzidos a partir da terra... É uma fonte que os produz, e há um anjo em seu âmago."

LIVRO DE ENOQUE

Não creio que alguém lance dúvidas sobre o fato de determinados lugares exercerem uma forte influência sobre os seres humanos.

O Egito parece ser o mais conhecido deles, dado que a maioria das pessoas retorna de lá tendo tido uma experiência de alguma espécie. Afirma-se ser isso causado pela eletricidade gerada pelas areias em constante movimento do grande deserto do Saara, que altera de modo tal a taxa normal de vibração que provoca uma ampliação da consciência. Isso deve depender, naturalmente, da pessoa; alguém puramente material será afetado de modo deveras diferente da pessoa dotada de qualidades mediúnicas. Por infelicidade, é raro que nos seja apresentada a experiência do homem comum, que poderia, em alguns casos, ser mais interessante e útil para a humanidade do que as vagas visões dos que têm inclinação mediúnica.

Há centros como esses em todos os países, mas infelizmente a Igreja se apropriou deles; e alguns dos mais vitais centros receberam o prefixo de "Santos", quando talvez a influência por eles exercida pudesse não exibir nenhum caráter sagrado. Assim sendo, o antigo nome, que poderia dar indícios acerca da possível influência, está submerso, o que faz que muito da tradição popular se perca, dado que a Igreja só reconhece um tipo de experiência: a do êxtase puramente religioso — que é a mais emocional e primeva, e por conseguinte, para a mente comum, a mais prodigiosa, por ser um estado de intoxicação e, portanto, uma experiência puramente egoísta e pessoal, vinculada por inteiro com o desenvolvimento individual ao longo de uma linha particular, experiência que, do ponto de vista físico, é quase sempre malograda, porque não dirigida. Acentuo o efeito físico porque só podemos sentir de maneira muito obscura quais sejam os seus mistérios em outro plano, ou estado de consciência, ou compreender o que provoca nas viagens da alma.

Pouca ou nenhuma orientação oferece a Igreja aos que abrem essas portas, pois a nem todos é dado vivenciar a emoção religiosa mais elevada; e, em vez de um reajuste de valores — uma visão mais ampla ou extensão de consciência, ao lado do desvelamento de alguns véus da matéria —, o efeito é, como eu disse, malogrado, dado que a experiência tem tamanho efeito desagregador na pessoa não treinada nem preparada que perturba a perspectiva normal da vida.

Há também um outro aspecto dessas experiências de que pouco se ouve falar. Aqueles que adentram os umbrosos portais que levam aos atemorizantes palácios subterrâneos do Clipot, e que passam a andar por caminhos que não são o do indivíduo normal, retornam da jornada com a sua inclinação para o mal intensificada.

Nas Escolas de Mistério, cada iniciado merecia uma observação e uma orientação cuidadosas com o fito de impedir a perda da experiência ou não deixá-la destruir em vez de reconstruir. Vamos a esses lugares e não nos dizem *que* tipo de experiência esperar, a não ser que é de ordem religiosa ou que tem a forma de um contato com a natureza (um termo vago), motivo pelo qual vamos a eles com uma condição mental negativa, com a vontade e o intelecto despreparado — e dessa forma o real valor se vê completamente perdido na tormenta emocional.

Como já afirmei, creio que nos nomes antigos reside o segredo da influência exercida por esses locais, nomes que se relacionam com o plano físico, ou melhor, têm vínculo com o contato que jaz nas profundezas da terra.

Nos escritos mágicos, lemos que cada mental tem o seu planeta particular, que cada ser humano se acha sob a influência de um planeta; e pode ser que nessa afirmação se ache presente um fato científico que no futuro venha a ser explicado em linguagem científica por cientistas.

Durante o eclipse solar de 1928, o doutor Kolisko realizou experiências com soluções de ouro, de prata, de chumbo e de estanho; fotos tiradas desses materiais antes do eclipse, no decorrer do fenômeno e depois dele mostraram notáveis alterações de sua atividade, o que indica que o fenômeno celestial teve sobre essas soluções um efeito de cunho bem marcado.

Seria interessante o estudo geológico desses centros, de seus antigos nomes e de suas qualidades, afora aqueles que lhes foram atribuídos pela Igreja, para verificar se se poderia chegar a uma dada força energizadora e, assim, dirigi-la conscientemente para os nossos propósitos.

Realizando um trabalho nessas linhas, o homem poderia cooperar com as forças celestiais que têm o seu foco físico na terra e obter assim muitos benefícios nos domínios da saúde, do poder e do intelecto.

Há em todos os países os centros da Cabeça e do Coração, ou talvez devêssemos dizer o centro Espiritual, estando estes ligados a centros de natureza semelhante noutros países, formando por vezes interessantes diagramas. Está ao alcance de todos identificar o centro da Cabeça, dado que este é naturalmente a capital do país, porém o centro do Coração, ou centro Espiritual, é mais obscuro e conhecido somente por um número comparativamente pequeno de pessoas. É bem possível haver num país tantos centros quantos são os do corpo humano, porque um país tem uma vida e uma alma próprias definidas.

Para dar um exemplo de linhas puramente religiosas: as grandes catedrais da Inglaterra — Durham, Chester, Lincoln, Wells, Winchester e Canterbury — formam o triângulo duplo ou hexagrama, mas esses são centros muito antigos, tendo sido sítios de templos pagãos em épocas pré-cristãs — e para resgatar o tipo de influência teríamos de procurar seus nomes antigos ou o significado desses nomes. Esses diversos sítios não podem exercer fundamentalmente a mesma influência, ainda que seja possível que somente pessoas que estejam em sintonia apenas com as influências cristãs e que não vão além desse nível consigam entrar em contato com essa vibração particular.

O mundo mineral e metálico é o mais antigo e mais denso, e nele há de residir muitos segredos; se pudéssemos entrar em contato com a sua consciência muito poderia ser recuperado em benefício da humanidade.

O fato de os antigos druidas terem conhecimento da conexão entre a matéria planetária e a matéria física é comprovado pelos seus círculos. No sul da Inglaterra, considerando-se Silbury Hill como a Terra, eles descreveram corretamente as órbitas dos planetas com relação ao local. A órbita de Vênus é o círculo de pedras de Winterbourne Basset; os templos do Sol e da Lua ficam precisamente ao norte da colina, sendo esta circundada pela órbita do Sol. A órbita de Marte fica em Marsden; a de Mercúrio está em Walken Hill; a de Júpiter localiza-se em Casterly Camp; e a de Saturno em Stonehenge. Há também as sete igrejas da Irlanda, as cinco igrejas de Stowting, Kent (embora a tradição se refira a sete) e muitas outras. Todas essas igrejas eram templos pagãos.

Quando Santo Agostinho escreveu em 597 d.C. ao Papa Gregório pedindo-lhe conselhos acerca de inúmeros locais pagãos de culto que encontrara, a resposta recebida foi: "Use-os quando possível, a fim de que as pessoas possam recorrer de maneira mais familiar aos lugares aos quais estão acostumadas."

Há disseminados por todo o Reino Unido lugares com essas características, dado que os druidas nada construíram sem dispor do devido conhecimento, e é de esperar que se tome a iniciativa de recuperar a sua sabedoria antiga, cuja prova foi tão competentemente estabelecida pela obra do senhor Lewis Spense, *Mysteries of Britain*.

Tenho a convicção de que os druidas dispunham de algum método de contato com o grande subconsciente do mundo, no qual Passado, Presente e Futuro jazem prontos a ser desvendados. É certo que o seu treinamento era longo e árduo, porque o fato de que um treinamento organizado efetivamente desenvolve poderes latentes em todos é provado por aqueles que tiveram fortuna suficiente para estar em contato com um mestre que fosse igualmente iniciado e iniciador; mas estou certa de que não se deve levar em conta apenas o mestre, mas também o momento e o lugar.

Percorremos este nosso prodigioso mundo como se deles não fizéssemos parte, como se fôssemos uma criação desvinculada do mesmo; porém, nós somos o mundo, trazendo no interior do nosso corpo cada uma de suas partes, razão pela qual é inescapável sermos afetados por tudo o que lhe diz respeito. As qualidades magnéticas de suas rochas e a massa de seus metais, a vida geradora da natureza animal e vegetal, tudo isso desempenha o seu papel, mas se nos for dado fazer que o nosso intelecto venha em nosso auxílio, estou convencida de que poderíamos alcançar um resultado além de nossas expectativas.

O mago de outrora via-se obrigado a trabalhar em segredo, dado que era mais ou menos um proscrito, a não ser que se aliasse a companheiros e, como o fizeram os druidas e, mais tarde, os rosacruzes, formando desse modo um corpo vigoroso.

O mago moderno especializa-se e é um profissional autônomo — homens como aqueles que atingiram uma velocidade tão tremenda no ar, médicos, bem como homens de ciência, com os seus microscópios e suas utilidades elétricas. Trata-se em todos os casos de ocultistas treinados, todos eles avançados no caminho dos Adeptos. São especialistas dotados de um elevado grau de treinamento, assim como partes eficientes de um todo, que, unidos, põem ao nosso alcance conhecimentos acerca do mundo em que vivemos, dado que alcançaram uma ampliação da consciência que os deixa bem além do homem comum, tendo o seu treinamento sido tão difícil, senão mais difícil, do que o de seus antigos predecessores.

CENTROS SAGRADOS II

"Eu tenho outras ovelhas que não são deste redil"

JOÃO X.16

Há muitos planos que se acham numa relação de interpenetração com o nosso mundo, planos habitados por seres que se assemelham a nós, ainda que de nós se distingam, seres invisíveis e desconhecidos uns dos outros e do homem. Decorre isso de suas diferentes taxas de vibração. Apresentarei um exemplo deveras grosseiro — o de um ventilador elétrico. Quando esse artefato gira lentamente, suas pás são vistas distintamente; o aumento da velocidade faz que só se perceba delas uma sombra indistinta.

Esse exemplo abarca apenas um dos sentidos, a saber, o da visão, mas se intensificarmos e estendermos isso a todos os sentidos numa escala tanto ascendente quanto descendente, conseguiremos imaginar que vários ciclos de vida poderiam ocupar, a um só tempo, o mesmo espaço, sem que uns percebessem os outros.

Isso serve ainda à demonstração do motivo de diferentes pessoas passarem num mesmo lugar por experiências tão diversas, e, no caso da psicometria, passarem com o mesmo objeto por variadas experiências.

Cada pessoa dispõe de sua própria taxa específica de vibração, donde se deduz que todos nós temos de estar em sintonia com ao menos uma dessas taxas elementais, sendo possível que chegue o dia, que pode não estar tão distante, no qual, mediante um ato de vontade, sejamos capazes de alterar a nossa vibração particular, fazendo-a equiparar-se com quaisquer ciclos de vida com que desejemos entrar em contato. A possibilidade futura disso é prevista num artigo do professor Low em que este afirma, tratando da telepatia, que "O pensamento é um processo elétrico, tendo por isso poder de ser transmitido; talvez se precisem de séculos antes de podermos efetuar essa transmissão... mas ela por certo está fadada a vir à existência."

Destarte, no futuro poderemos de fato, com todos os nossos sentidos, perceber os habitantes desse universo até então desconhecido e invisível.

É improvável que o homem constitua a única forma de vida a sentir a atração da fonte de energia que é gerada nesses lugares [os centros sagrados], mas que ocorra igualmente de outros seres os buscarem, e pela mesma razão.

Há neste mundo grande número de ondas de comprimento variável, que são designadas na terminologia oriental "Tatwas", ondas que variam em comprimento de milhares de anos a uns poucos minutos. Só temos consciência das mais amplas examinando retrospectivamente a ascensão e a queda de civilizações e as modificações da superfície do globo terrestre. Encontram-se essas ondas sob o domínio de uma das grandes constelações do norte, mas existem muitas outras menos amplas às quais podemos atribuir o fato de alguns de nossos centros caírem em desuso ao mesmo tempo que outros vão sendo gradualmente reabertos. Num espaço de tempo de aproximadamente cem anos, têm sido descobertos inúmeros sítios enterrados, e mesmo grandes civilizações, com os seus muitos Deuses e credos.

Sempre que um lugar tem dirigidos a si orações e desejos concentrados, compõe ele um vórtice elétrico que reúne em si uma forma que constitui por um dado período de tempo um corpo coerente que o homem pode sentir e usar. São ao redor desses corpos que se erigem santuários, templos e, mais tarde, igrejas; essas edificações se configuram como as Taças que recebem o derramamento Cósmico concentrado em cada lugar específico.

Há poucos ensinamentos que versam sobre esses assuntos, e por isso julgo aconselhável fazer agora referência aos perigos passíveis de ser encontrados nos *centros psíquicos menos conhecidos e mais primitivos*. A existência de riscos mereceu o reconhecimento dos druidas e dos romanos, dado que estes erigiram altares e ofereceram sacrifícios a esses povos das florestas, num ato de propiciação, pois, se *você* não der, *eles* tomam, e o que tomam é por infelicidade algo que você não pode poupar. Trata-se da energia vital, visto que esses povos buscam aproximar-se cada vez mais do homem, misturar-se com ele e apropriar-se de sua taxa, porque, como se diz, aí reside a sua esperança de imortalidade.

Caso quiséssemos auxiliar essas "ovelhas de outro redil", poderíamos fazê-lo mediante um desejo de lhes compreender as necessidades e de lhes tornar acesssível um conhecimento dos ideais mais excelsos de nossas épocas ulteriores; dessa maneira, o sacrifício não teria de ser prejudicial à nossa saúde nem à nossa sanidade.

Temos porém de nos recordar de que esses seres são de uma raça mais antiga e mais elemental, de que pertencem a outra terra e de que as suas leis são bem distintas das nossas, de modo que podemos nos infligir sérios danos mentais e corporais por meio desses contatos, dado que o nosso organismo não está adaptado para receber o ônus do violento impacto advindo de criaturas que diferem de nós em quase todos os aspectos.

Diz-se que há casamentos entre criaturas de planos diversos, mas estes só podem ocorrer entre seres cuja taxa seja a mesma, porém aí residem de modo geral a melancolia e o desgosto, exceto se nos envolvermos nisso dotados de compreensão.

Pã e os seus companheiros ainda podem ser vistos e ouvidos, embora esses encontros não sejam tão espetaculares quanto o gostariam de nos fazer crer os relatos, configurando-se de modo geral como desagradáveis e atemorizantes, não se devendo estimulá-los nem desejar passar por eles. Podemos adentrar essas regiões desconhecidas com júbilo; não obstante, sair delas e libertar-se de apegos desagradáveis não é tarefa fácil, nem sempre se podendo contar com ajuda quando esta se fizer necessária.

CAPÍTULO 3

Cristianismo e Reencarnação

Por que não há na doutrina cristã ensinamentos concernentes à Reencarnação? Não há nela mesmo uma negação implícita dessa doutrina fundamental da filosofia esotérica? Eis perguntas feitas com freqüência, sendo de importância inavaliável que elas recebam respostas satisfatórias para que se justifique a nossa alegação de que o cristianismo é uma religião de Mistério. Se não pudermos demonstrar que a doutrina da reencarnação, tão fundamental para a ciência esotérica, não somente não é antagônica com respeito aos ensinamentos cristãos mas se acha na realidade implícita aí, seremos forçados a admitir que nenhum cristão pode ser ocultista, nem algum ocultista ser cristão.

A doutrina da reencarnação se perdeu para o pensamento europeu a partir da época da Grécia Antiga, quando era ensinada nas Escolas de Mistérios sob a designação de Metempsicose, tendo tido uma profunda influência sobre a perspectiva dos pensadores gregos. Foi ela ainda uma doutrina fundamental tanto dos gnósticos como dos neoplatônicos, sendo parte integrante da tentativa de síntese entre a Sabedoria Antiga e a Nova Revelação.

As Escolas de Mistério da época da Igreja primitiva estavam expostas a uma grave objeção. Tinham entrado em decadência; haviam sido invadidas por ritos fálicos, por sacrifícios de sangue e pela magia negra, e embora sem dúvida houvesse grupos de iniciados que mantinham a pureza, o movimento como um todo era merecidamente alvo de suspeita. O cristianismo disseminou-se de início entre pessoas iletradas, as quais, já imbuídas do horror que tinha o homem decente diante da decadência da religião popular, e incapazes, por lhe faltarem as letras, de compreender o ponto de vista dos filósofos, condenaram toda instrução como coisa do demônio, dado que muitas pessoas instruídas se haviam deixado levar pelo mal. E foi assim que a ascensão do cristianismo testemunhou o declínio da instrução, e ainda que os piores vícios pagãos tivessem por certo sido destroçados pela abolição das religiões corruptas, manda a honestidade admitirmos que esses vícios não eram inerentes ao paganismo, mas à natureza humana, além de que a erradicação das fés antigas não eliminou a fraqueza humana.

Instaura-se o divórcio entre a instrução e a religião; a metafísica foi abandonada aos filósofos, e o cristão passou a preocupar-se com a ética e com uma teologia dogmática baseada numa interpretação das Sagradas Escrituras a que faltavam algumas chaves — a da Cabala, que detinham os autores dos livros do Antigo Testamento, e a da Gnose, de que estavam de posse os autores dos livros do Novo Testamento. Em conseqüência, muitos dos termos técnicos da filosofia de ambas essas Escolas de Mistério deixaram de ser reconhecidos e foram traduzidos de maneira tão errônea que se viram privados por completo de seu significado, tendo passagens inteiras sido pervertidas ou tornadas incompreensíveis. Quem dera houvesse uma tradução das Escrituras realizada por um iniciado!

O hiato entre o cristianismo e a filosofia aumentou quando o imperador Constantino fez uso da Igreja para propósitos políticos. Foram designados para altas posições homens cujas qualificações residiam antes em suas concepções políticas do que em suas perspectivas espirituais. O elevado espírito místico da filosofia se perdeu para a Igreja, o mesmo ocorrendo com a sua metafísica. A Idade das Trevas seguiu o seu malfadado curso e só quando a Renascença veio a libertar e a inspirar o espírito humano voltou aquele misticismo a levantar a cabeça no ambiente cristão.

Com o Renascimento houve uma repentina irrupção de atividade em todas as áreas da vida humana, passada a longa inércia da Idade das Trevas; mas o canal de ligação com as Escolas de Mistério se desagregara, e quando os homens se dedicaram ao estudo dos filósofos antigos, a sua abordagem destes foi feita a partir de fora e não de dentro. Esses filósofos eram reconhecidos como iniciados de uma ou outra Escola dos Mistérios, e empregavam os elementos técnicos desses ritos. Sem essa chave, seus escritos são em larga medida incompreensíveis. Estudiosos aos quais falta a iniciação, ao tentar abordar esses filósofos antigos à luz do puro conhecimento acadêmico, vêem-se na situação do leitor inteligente moderno que tenta dominar um livro de física sem nenhuma familiaridade precedente com a matemática. Muitos dos termos técnicos empregados serão por ele identificados, mas os estará compreendendo em seu sentido popular, não em seu significado técnico, e por isso não terá condições de acompanhar a argumentação.

O pensamento europeu, elevando a cabeça macerada depois da Renascença, nada sabia dos ensinamentos secretos, e a doutrina da reencarnação desapareceu na Europa com a queda da civilização clássica.

Porém a vida espiritual interior da alma teve prosseguimento; e seja por trás dos muros dos conventos ou nas iluminações de Jacob Boehme e de outros místicos heterodoxos, o conhecimento do Invisível e de seus poderes foi recuperado parte a parte por meio de revelação direta. Que conhecimentos secretos se acham guardados no círculo mais íntimo da atual Igreja Católica Romana não o sabem os que não fazem parte do círculo; estes só podem avaliá-lo por meio do "acompanhamento dos sinais"; que iluminações místicas se sucedem às meditações silenciosas e às orações fervorosas das ordens enclausuradas do cristianismo é algo a que são raras as referências.

Pode ter importância no tocante a isso citar uma carta enviada pelo grande (c.a.)ardeal Mercier, o erudito arcebispo de Malines, ao filósofo polonês professor Lutostavski, em resposta à inquirição deste quanto à posição da Igreja Romana no que se refere à doutrina da reencarnação, carta na qual o (c.a.)ardeal afirma que "a doutrina da reencarnação nunca foi formalmente condenada como heresia pela Igreja Romana".

A Igreja de Cristo exotérica pode ter se esquecido da reencarnação, e cessado de ensiná-la, mas, quando esta lhe é trazida à lembrança, ela não a condena.

Se a encarnação é um componente de tamanha relevância dos ensinamentos secretos, ensinamentos dos quais, segundo se diz, partem todas as religiões, por que Nosso Senhor não a ensinou explicitamente? A explicação desse problema tem dupla face; em primeiro lugar, reside na natureza das pessoas a quem Ele veio e, em segundo, na maneira pela qual a Sua obra teve de ser levada a efeito.

Nosso Senhor veio a pessoas que, em sua grande maioria, no que concerne à vida religiosa, preocupavam-se exclusivamente com as observâncias formais do Templo e com a retidão inculcada pela Lei Mosaica. Entre essas pessoas havia uma pequena minoria que tinha interesse por especulações místicas. No âmbito dessa minoria, o corpo mais notável eram os essênios — homens e mulheres altamente respeitados em Israel, alguns dos quais levavam uma vida comunitária, enquanto outros participavam da vida do mundo. Os essênios poderiam ser considerados apropriadamente os quakers do judaísmo. A doutrina do judaísmo está contida nos ensinamentos dos essênios, de que era parte não negligenciável. Muitos crêem que o Menino Jesus foi educado numa comunidade essênia depois que a Sua grandeza foi reconhecida pelos anciãos quando Ele ensinara no Templo. Schure, em seu livro deveras interessante *The Great Initiates*, reuniu provas que sustentam essa interpretação.

Em todos os Seus ensinamentos, Nosso Senhor estabelece uma clara distinção entre aquilo que vai dizer aos Seus discípulos eleitos e dignos de confiança na Câmara Superior, aos quais se permite o conhecimento dos Mistérios do Reino, e à população em geral cujos enfermos Ele curou e cujas angústias confortou.

Nosso Senhor se apoiou numa base mística; Ele falou como alguém que vem do outro lado do Véu. O divino moderno pouco sabe acerca do misticismo antigo de Israel, a Cabala; mas a Cabala constitui a chave da interpretação mística do Antigo Testamento e de muitas passagens do Novo Testamento. Consideremos à guisa de exemplo a passagem final da Oração do Senhor, "Pois teu é o reino, o poder e a glória, por todos os séculos e séculos. Amém." O que isso transmite ao cabalista? Uma representação do triângulo inferior da Árvore da Vida sefirótica, no qual se acham hierarquizadas, em seu padrão adequado, as estações místicas das Dez Emanações Divinas que formaram os mundos — Netzach, vitória ou poder; Hod, glória; Malkuth, o reino. Na Árvore da Vida se baseia a poderosa invocação da magia cabalista com que todos os magos selam a própria aura antes de começar qualquer operação mágica: "*A teh Malkuth, ve Gedulah, ve Geburah, le Olahm. Amém.*" "Pois teu é o reino, o poder e a glória, por todas as eras. Amém."

Ninguém pode alimentar a esperança de compreender o cristianismo sem entender o misticismo da Cabala, no qual, como o prova a citação acima, Nosso Senhor foi treinado; e na doutrina cabalista encontramos, entre os seus mais importantes fundamentos, o da reencarnação.

É na Cabala que encontramos a cosmologia e a doutrina mística da alma e de sua iniciação, nas quais o cristianismo exotérico é tão lamentavelmente deficiente em comparação com as grandes fés orientais. Uma abundância de materiais esotéricos pode ser encontrada tanto no Antigo como no Novo Testamento; e quem pode dizer o que havia antes de o texto ter passado por uma atividade de edição nas mãos de gerações de eruditos que eram em todos os aspectos homens da Igreja?

Há inúmeros ensinamentos de Nosso Senhor, muitas passagens das Escrituras, cuja compreensão só pode ocorrer à luz da doutrina da reencarnação. A mensagem de João Batista a Jesus é um dos exemplos disso. Nosso Senhor ensinou aos Seus discípulos, na Câmara Superior, uma doutrina de que não temos registros diretos, porém grande número de ecos.

Do ponto de vista esotérico, vê-se com presteza o motivo de Nosso Senhor não ter acentuado em sua Missão a doutrina da reencarnação. Cada Christos que vem ao mundo tem uma missão especial a realizar com respeito à evolução da humanidade. Osíris ensinou às pessoas as artes da civilização, Krishna lhes ensinou filosofia, Buda, a maneira de escapar à servidão da matéria e Abdul Baha, a moralidade social. Se há quem objete contra o fato de esses Seres Grandiosos figurarem ao lado de Nosso Senhor na qualidade de manifestações de Deus e de Salvadores da humanidade, a ciência esotérica tem de divergir, porque sempre se ensinou que essas criaturas são irmãs uma das outras, Filhos Mais Velhos de Deus que revelam a Sua Glória em forma humana com o fito de orientar a humanidade. Por outro lado, iniciados da Tradição Ocidental não vão concordar com a atitude de descartar Nosso Senhor como apenas um bom homem que ensinou de acordo com as luzes de que dispunha, nem como somente um médium que foi usado pelo Cristo. É de lamentar a inclinação anticristã de Madame Blavatsky, porque isso levou a uma diminuição do valor do cristianismo entre os estudiosos do ocultismo que não se justifica pelos fatos e que redunda na prática em desastrosos resultados.

Nenhum homem que leia história sem preconceitos pode se furtar ao fato de que nunca houve uma verdade transmitida à humanidade de uma vez por todas. A doutrina segundo a qual isso aconteceu caminha de mãos dadas com o catastrófico conceito da geologia. Só a doutrina da evolução resistiu às provas do tempo e dos fatos, e é uma atitude sábia aceitar a conclusão de que a lei da evolução se aplica à vida espiritual da humanidade da mesma maneira como se aplica a sua vida física.

Nosso Senhor se apoiou no fundamento deixado por Seus predecessores, tendo levado ao Templo a Sua contribuição específica. Estava Ele encarregado de uma tarefa particular a realizar no seio da comunidade cósmica; e Ele é chamado nos Mistérios de Senhor da Personalidade.

As fés mais antigas, que também tiveram os seus Divinos Fundadores, tinham por tarefa, cada uma delas, o desenvolvimento e a iluminação de uma camada diferente da consciência. Os cultos bem primitivos, como o vodu, foram iniciadores do subconsciente; os cultos mais elevados, como o hinduísmo, iniciaram o Eu Superior; o papel de Nosso Senhor consistiu em colocar a regeneração ao alcance do homem comum e iniciar a Personalidade, palavra aqui usada em seu sentido esotérico de aspecto da consciência elaborado a partir das experiências que se enquadram no universo das coisas que nos cabem no período que vai do nascimento à morte. Era esse eu inferior, temporal, que Lhe cabia alinhar à vida espiritual e vincular com o Eu eterno.

Esse eu inferior não é imortal. Nenhuma pessoa adequadamente instruída em filosofia esotérica crê na reencarnação da atual personalidade, nem de alguma personalidade histórica do passado. Só o Eu Superior é dotado de imortalidade e é ele que sobrevive à morte corporal, constituindo-se ainda em veículo do Karma. Por conseguinte, Nosso Senhor, que tem por tarefa, enquanto Salvador de Sua época, a criação de um Caminho de Salvação da personalidade, naturalmente não ensinou a reencarnação como parte de Sua missão porque a reencarnação não se aplica à personalidade.

Os iluminados de Sua época conheciam essa doutrina, fossem eles os místicos essênios de Israel ou os iniciados nos Mistérios Gregos ou Egípcios. Eles não precisavam de ser instruídos no tocante a isso, visto que já tinham familiaridade com essa doutrina. Mas o homem comum precisava que lhe dissesse que é o filho de Deus e que Deus o amava, porque essa era uma coisa que nunca antes chegara ao conhecimento do mundo.

Afirma-se que Nosso Senhor se comprazia profundamente com o esquecimento da doutrina da reencarnação em sua época porque esta, quando demasiado acentuada, produz muitos malefícios, dado que tende a inculcar um *laissez faire* desastroso para o progresso humano. Os resultados da aceitação universal da doutrina da reencarnação, com todas as suas implicações, se acham apresentados nas páginas do livro tão discutido de Katharine Mayo, *Mother India*. Os europeus, alimentando-se, bebendo e festejando em função do fato de que depois iriam morrer, imbuídos da filosofia de que se aproveitasse o dia fugidio, acostumaram-se a uma maneira de levar a vida desprovida de remorso que redundou na realização da maioria das obras no mundo até hoje. A doutrina da reencarnação é o mais iluminador dos ensinamentos quando compreendida da maneira adequada, mas constitui uma doutrina desastrosa para o ignorante, dado que, se não for usada como recurso de evolução, torna-se uma inação absoluta, e a destruição de todas as coisas físicas chega tal como o faz o ladrão que vem à noite.

Em suma, a atitude esotérica no referente à doutrina da reencarnação no seio do cristianismo pode ser definida da seguinte maneira: a reencarnação foi parte integrante dos ensinamentos secretos nos quais Nosso Senhor e o Seu grupo íntimo de discípulos eram iniciados. Ela fez parte dos ensinamentos interiores da fé cristã até o momento em que o misticismo e a ortodoxia se divorciaram. Ela não é repudiada pela Igreja Católica Romana. Nosso Senhor não desenvolveu a doutrina da reencarnação em Sua missão pública porque essa missão concernia à salvação da Personalidade, e esta não reencarna.

CAPÍTULO 4

O Plano Astral

O Plano Astral foi chamado muito apropriadamente de Plano da Ilusão, porque as pessoas têm idéias bastante variadas no que se refere a ele. No estudo da técnica dos planos, pode-se correr o risco de cair no erro de considerá-los tão-só como modalidades de consciência separadas e diferentes entre si, quando um exame mais detido nos vai revelar que esses planos, além de serem inter-relacionados, na verdade funcionam em pares.

As palavras "matar o desejo", na tradução que recebeu no livro *A Voz do Silêncio* (publicado pela Ed. Pensamento) de H. P. Blavatsky, costumam ser interpretadas erroneamente como querendo dizer que o Plano Astral, que está vinculado com o desejo e com a emoção, deve ter inibido o seu funcionamento até o grau em que isso seja possível. Mas, levando-se em consideração o contexto pleno desses ensinamentos, evidencia-se que matar o desejo é um ideal deveras elevado da alma quando ela tiver se elevado acima dos planos da Personalidade; não obstante, enquanto vivermos no plano mundano dos sentidos físicos, temos em primeiro lugar de sufocar o desejo de vícios e usar as forças do desejo e da emoção para bons propósitos. É esse o ponto de vista que lhes quero apresentar.

Uma qualidade ponderável das informações relativas ao Plano Astral vem de fontes mediúnicas e espiritualistas com variados graus de confiabilidade, porém os ensinamentos que aqui lhes trago veio de um Mestre dos Planos Interiores.

"Vocês compreendem o propósito do plano da ilusão" (o plano astral)? Ele serve a propósitos que vão além do trabalho com a frustração dos desejos. Trata-se do plano da manifestação do poder para o plano físico. Vocês têm de se dar conta de que o plano astral é o plano da "força", e que o plano físico é um plano da "forma". Isso lhes proporciona inúmeros indícios caso vocês reflitam acerca de suas implicações.

"Vocês se dão conta de que não há força no plano físico, nem forma no astral? Percebem ainda que uma forma de pensamento é uma descrição correta? Se sim, vocês vão ver que o cubo da manifestação se acha dividido em dois — a metade física e a metade mental — e que o plano astral divide essas metades. Assim, uma metade tem a mente como pano de fundo, e a outra tem a matéria nessa mesma função. Podem assim conceber dois planos de forma ligados por um plano de força. E dispõem, por conseguinte, do "três" essencial ao funcionamento — a 'forma' positiva da mente e a 'forma' negativa da matéria, ao lado da 'força' emocional, que flui e retorna, que lhes serve de conexão."

Talvez isso fique mais claro se fizermos o seguinte quadro:

Plano Espiritual	— Força
Plano Mental	— Forma
Plano Astral	— Força
Plano Físico	— Forma

Ensinam-nos que a dualidade é necessária à manifestação, e vemos aqui a dualidade da forma e da força que são essenciais à manifestação. Como resultado, temos de considerar as forças astrais em sua relação com as formas físicas e mentais.

Também nos acostumamos a ver as leis da polaridade como estando num plano, o horizontal, mas os ensinamentos esotéricos mostram que se pode aplicar esse mesmo princípio em sentido vertical; que o estímulo mental, positivo, pode entrar em polaridade com o aspecto físico, negativo; e que as forças astrais que conferem vida a essas formas completam a trindade da função. (Isso pode ser mais bem compreendido por estudiosos da cabalística *Árvore da Vida*, na qual temos os pilares laterais em polaridade e o pilar central, que representa o fluxo direto de forças de Vida.)

"Ora, o que vocês querem perceber é que existe nesse plano de pura força uma população de forma que de modo algum deriva desse plano. Essa população deriva em primeiro lugar, na ordem da evolução, do plano da mente. A mente pura oferece as primeiras formas de pensamento, formas que, estando vinculadas com os sentimentos, servem de veículo à expressão destes últimos. Todas elas são simbólicas e geométricas no tocante à forma. São as forças primárias do astral. Elas constituem os mais antigos e os mais elevados e puros tipos de forma. Elas compõem as bases da forma física.

"Vêm então, em contradistinção com essas formas, as formas astrais que são evoluídas em consciência a partir da sensação física. Essas formas têm por pano de fundo a matéria.

"Se quiserem entender o plano astral, pensem no verdadeiro plano astral como constituído por raios transbordantes totalmente desprovidos de forma, e as 'formas' do astral, sejam derivadas da mente ou da matéria, são tão diferentes das forças emocionais puras quanto o são os seres humanos da terra em que perambulam. Logo, vocês têm o plano e seus habitantes.

"Ora, os habitantes do plano astral são criaturas da mente. A vida e a função do astral prosseguem por trás deles e por meio deles, mas não são eles. A forma de pensamento astral é criação da mente, seja criação primária da mente em seu trabalho direto sobre as emoções ou uma criação secundária da mente em seu trabalho sobre as emoções estimuladas pela sensação (física).

"A mente humana destreinada comum só funciona quando estimulada pela sensação, razão pela qual todos os seus pensamentos são determinados pela natureza da sensação que os estimula. Mas a mente do ocultista sabe que a forma primária é uma forma mental, e ele é capaz de criar essas formas independentemente da sensação física. Uma forma do plano astral age como canal para a configuração das forças astrais e a determina, e, portanto, todas as manifestações de força na matéria dependem da forma de pensamento astral e são por ela determinadas.

"A matéria adere ao tipo porque as forças funcionam por meio de formas de pensamento derivadas da matéria. Desse modo, a matéria faz surgir a forma e a forma faz surgir a matéria, num círculo interminável e estereotipado. Trata-se de algo fixo e definido. Mas embora nenhuma variação possa ocorrer a partir do plano da matéria, a variação vinda do plano da mente é possível; e se uma nova forma de pensamento for criada no astral, uma nova forma vai aparecer no físico. A forma física vai dar origem à sensação apropriada, e esta vai reforçar a forma de pensamento, e assim o ciclo vai se tornando estereotipado em sua repetição.

"Logo, vocês têm a forma de pensamento no plano astral e a forma física no plano material — alma e corpo — de todo objeto, de todo organismo, de toda organização ou de todos os eventos que se possam considerar. Vocês têm de fato a causa e o efeito. A causa astral originando o efeito físico, e este recriando a causa astral. Vocês vão perceber a partir disso que as formas do astral são, todas elas, imagens mentais, bem como que algumas são o produto da sensação e outras o produto da imaginação. É por meio do recurso aos poderes da faculdade de formação de imagens que vocês põem em movimento as causas astrais. Seja qual for a imagem que componham na imaginação, desde que seja de acordo com a Lei Cósmica, sendo portanto uma imagem passível de manifestação — se a fizerem com clareza suficiente em todas as suas partes para que disponha de um mecanismo a que se possa operar, se a mantiverem viva por tempo suficiente e com estabilidade suficiente e se aí empregarem a força de vontade com força suficiente —, essa imagem vai aparecer no plano físico em termos de manifestação, ou então em qualquer plano para o qual seja dirigida.

"Todavia, em tudo aquilo que fizerem — e lembrem-se disso —, vocês terão de enfrentar as conseqüências de sua criação, sejam elas quais forem; e as boas intenções não os vão proteger dos resultados de um erro de julgamento; e quando fizerem a opção por usar os poderes da mente humana, vocês estarão correndo riscos.

Lembrem-se contudo de que aqueles que servem a Deus sempre correm riscos porque sabem que vale a pena corrê-los. E a expressão da Mente Logoidal só pode ser levada ao reino da manifestação por aqueles que estejam preparados para correr o risco de levar a efeito a percepção do abstrato e de concretizá-lo da melhor maneira que puderem.

"As forças espirituais não podem se exercer no plano da forma, neste momento em que a forma é tão altamente organizada, sem fazer uso de intermediários, razão pela qual é preciso que encontrem pessoas que corram o risco de se empenhar, com a consciência finita, no discernimento da Mente de Deus e em sua expressão nos planos da forma."

Há uma interessante corroboração dos intermediários que permitem o exercício da Mente de Deus em sua passagem de Espírito a Matéria nas Comunicações, referentes à comunicação entre pensamento e emoção, recebidas do plano astral pelo reverendo G. Vale Owen:

"Nenhuma emoção nem pensamento existem aqui sem a manifestação exterior. Tudo o que você vê ao seu redor no lugar em que se encontra na terra é a manifestação do pensamento... A Fonte de todo pensamento é Aquele de Quem ele procede e a Quem retorna, num ciclo que jamais chega ao fim.

"De uma época para outra, essa corrente de pensamento passa pela mentalidade de personalidades de diferentes graus de autoridade, bem como de lealdade a Ele ou de unicidade com Ele. Essa corrente de pensamento, passando por esses Príncipes, por esses Arcanjos, por esses Anjos e por esses Espíritos, se torna manifesta por meio deles, exteriormente, na forma de Céus, Infernos, Constelações de Sóis, Sistemas Solares, Raças, Nações, Animais, Plantas e todas as entidades que chamamos de coisas.

"Tudo isso vem à existência, por meio de pessoas que pensam a partir de si na direção exterior, quando seus pensamentos tomam expressão tangível aos sentidos daqueles que habitam a esfera nas quais estão aqueles que pensam ou com a qual entram em contato."

Para resumir os ensinamentos, são iluminadoras as observações a seguir, que versam sobre o complexo tema dos invólucros astrais:

"Quando chega o momento de o iniciado reivindicar a sua liberdade da encarnação, ele pede para fazê-lo e recebe a permissão de realizar a tarefa de concretizar a idéia Cósmica. Se, o que só acontece muito raramente, for bem-sucedido em sua perfeita realização, o iniciado não é destruído por ela, mas passa por uma libertação conhecida na teologia cristã como translação. "Ele caminha com Deus e não existe." Mas se, como é bem mais freqüente, ele apenas dá uma contribuição para a construção do Templo, a imperfeição da obra o destrói. Isto é, destroça a personalidade.

"Ora, a Individualidade que tem uma Personalidade assim destroçada está livre do karma, porque, quando uma Personalidade é abalada desse modo pelas forças Cósmicas, a morte em todos os planos acontece simultaneamente, não havendo portanto karma. Tudo o que resta ao espírito imortal é a representação mental que por vezes recebe o nome de átomo-semente do concreto. Essa representação mental habita a atmosfera do astral superior, ou dos registros akáshicos, constituindo o único vínculo entre o espírito e o plano da forma. O espírito passa então a ter como veículo a mente abstrata mantida com as riquezas acumuladas da evolução dessa entidade. Ele tem também o seu simulacro no plano astral, mas esse simulacro é apenas a sombra que o espírito lançou outrora no plano da forma.

"A entidade que opta por agir em favor do avanço da raça humana galvaniza esse simulacro numa vida transitória a fim de comunicar-se com aqueles cuja consciência não pode elevar-se acima das formas. Quando num dado momento a consciência de um ser humano se apercebe de um simulacro galvanizado, o mesmo ciclo de causa e efeito já descrito ocorre em sua consciência até que a sua imaginação elabore para si uma imagem clara do Mestre, e para o interior dessa imagem fluem e a partir dele funcionam as forças dessa entidade.

"A diferença entre o homem que alcança apenas a imaginação astral e o homem que, mediante a imaginação astral, alcança as realidades espirituais reside no fato de que aquele, em seus conceitos, não pode transcender a imaginação astral, ao passo que este tem na alma uma realização e uma aspiração espirituais que ele leva à consciência cerebral por meio da imaginação astral."

Percebe-se, a partir desses ensinamentos, a importância do plano astral. Quando pensamos, criamos imagens astrais, e quando na meditação buscamos inspiração, esta vem por meio da imaginação astral.

Há outras maneiras, mais subconscientes, de atuação das forças astrais; por exemplo, no sono profundo, quando a consciência se dissocia dos sentidos físicos, o corpo é recuperado pelo poder astral. O corpo físico-etérico é então, por assim dizer, alimentado pelas forças astrais, e a força astral é controlada pelo aspecto da "forma" do corpo mental, porque, sem a "forma", o astral se dissiparia e não teria função. A terra, o sol, a lua, a vegetação e todas as forças vitais que derivam da Fonte Una de Vida — Deus — têm o seu aspecto astral e chegam a nós por meio do corpo etérico. Temos pois de aprender a valorizar da maneira apropriada o plano astral, em vez de nos esforçar por reprimir o seu poder, porque, se o fizermos, essas forças podem fluir para várias condições patológicas astrais, e apresentar a sua reação física.

As forças do plano astral inferior são dirigidas para o bem-estar pessoal e físico, enquanto as forças do estado de consciência astral superior, com a sua aspiração e com os seus poderes de elevação, têm como pano de fundo o bem-estar universal. Uma condição astral saudável se manifesta no plano físico na boa ordem, no bem-estar, no amor à arte, à música e a outras coisas que apelam aos melhores sentimentos; e as condições astrais insalubres abrem a porta a contatos indesejáveis advindos de pensamentos e desejos indignos, da sujeira e da desordem.

A morte não nos altera a consciência astral, porque nos é dada a garantia de que aquilo que agora somos isso mesmo seremos quando despertarmos, no plano astral, das limitações dos sentidos físicos. Preparemo-nos para esse estado aqui e agora, de modo que, por intermédio da percepção, possamos acelerar o nosso progresso rumo a uma meta espiritual que só podemos alcançar através do plano astral.

CAPÍTULO 5

O Culto de Ísis

Todos os deuses são um só deus; e todas as deusas são uma só deusa: e há um só iniciador.
No princípio, havia o espaço, as trevas e a imobilidade, mais antigos do que o tempo e esquecidos dos deuses. O movimento surgiu no espaço: esse foi o princípio.

Esse mar de espaço infinito foi a fonte de todo ser; a vida daí emergiu qual uma onda no mar silencioso. Tudo vai para aí retornar quando a noite dos deuses chegar. Trata-se do Grande Mar, de Mara, a Amarga; a Grande Mãe. E como por causa da inércia do espaço o movimento originário emergiu como uma onda, Ela é chamada pelo Sábio o Princípio Passivo da Natureza, e é imaginada como a Água, ou o Espaço que flui. Mas não há fluir no espaço antes que a força incite; e essa força é o Princípio Ativo da criação. Todas as coisas partilham quer do Princípio Ativo ou do Princípio Passivo, e a um ou ao outro se referem.

Hermes Trismegisto gravou na Tábua da Esmeralda "O que está em cima é como o que está embaixo". Vemos sobre a terra o reflexo da ação conjunta dos princípios celestiais nas ações dos homens e das mulheres. A virgem, em sua passividade, é semelhante ao espaço primordial originário do qual surgiram as ondas. O masculino é o doador de vida. Estes desempenham na criação da vida os respectivos papéis do passivo e do ativo. Por meio dele, ela se torna criativa e fértil; mas dela é o filho, e ele, ainda que seja o doador de vida, nada leva daí. Ele se desgasta e nada resta que seja dele, exceto o ser chamado por ela de parceiro.

A vida dele está entre as mãos dela; a vida dele, que foi, que é e que será. Portanto, deve ele adorar o Princípio Passivo, porque sem ela ele não vem à existência. Pouco conhece ele a necessidade que tem Dela em todas as modalidades de vida. Ela é a Grande Deusa.

Todos os deuses são um só deus; e todas as deusas são uma só deusa: e há um só iniciador.

Ela é chamada por muitos nomes por muitos homens; mas é para todos a Grande Deusa, espaço, terra e água. Como espaço, chama-se Rea, mãe dos deuses que fez os deuses; é mais antiga que o tempo: é a matriz da matéria; a substância-raiz de toda a existência, indiferenciada, pura. É também Binah, a Mãe Supernal, que recebeu Chokmah, o Pai Supernal. Ela é a doadora de forma à força informe mediante a qual pode criar. É também aquela que traz a morte, porque aquilo que é dotado de forma tem de morrer, desgastado, para poder nascer de novo para uma vida mais plena. Tudo aquilo que nasce tem de morrer; mas aquilo que morre vai nascer de novo. Logo, ela é Mara, a amarga, Nossa Senhora das Dores, porque ela é aquela que traz a morte. Do mesmo modo, é ela chamada Géia, porque é a terra mais antiga, a primeira formada a partir do informe. Tudo isso ela é, e tudo isso se vê nela, e qualquer coisa que partilhar de sua natureza a ela presta contas, e ela tem domínio sobre essa coisa. As ondas dela são as ondas da coisa; os caminhos dela, seus caminhos; e aquele que conhece uma conhece a outra.

O que quer que tenha vindo do nada, foi ela quem deu à luz; o que quer que mergulhe no nada, é ela quem recebe. Ela é o Grande Mar, de onde a vida adveio, a que tudo deverá voltar ao final de um éon.

Aqui nos encontramos mergulhados no sono, recaindo nas profundezas primordiais, voltando a coisas esquecidas de antes de o tempo existir: e a alma se renova, tocando a Grande Mãe. Aquele que não pode voltar ao primordial não tem raízes na vida, mas seca como a grama. Esses são os mortos-vivos, os órfãos da Grande Mãe.

A filha da Grande Mãe é Perséfone, Rainha do Hades, regente dos reinos do sono e da morte. Sob a forma da Rainha Negra, há homens que também adoram aquela que é Una: do mesmo modo, é ela Afrodite. E aqui reside um grande mistério, porque foi decretado que ninguém entenderia uma sem a outra.

Na morte, os homens para ela se dirigem ao cruzar o rio coberto de sombras, e ela guarda as suas almas até que o dia chegue. Mas há também uma morte em vida, e esta leva igualmente ao renascimento. Por que temem a Rainha Negra, ó homens? Ela é a Renovadora. Saímos do sono revigorados; da morte nos elevamos renascidos; por meio dos abraços de Perséfone, os homens se tornam poderosos.

Porque há um voltar-se da alma para o seu próprio interior mediante o qual os homens chegam a Perséfone; eles caem outra vez no ventre do tempo; tornam-se como os não-nascidos. Eles entram no reino no qual Perséfone rege como Rainha; tornam-se negativos e aguardam que a vida surja.

E a Rainha do Hades vai até eles como uma noiva, e eles são tornados férteis para a vida, e se vão em júbilo porque o toque da Rainha dos reinos os fez potentes.

E assim como a Rainha do Hades é a filha da Grande Mãe, assim também do Grande Mar adveio a dourada Afrodite, a doadora do amor. E ela é também Ísis de outra maneira.

Ela é Aquela que Desperta. Aquilo que se acha latente ela chama à potência. Ela é a atração do espaço exterior, e torna o centro manifesto. Aquilo que é o centro, o todo-potente, espera, e se aflige, incapaz de projetar-se e transbordar em manifestação, até que a atração do espaço exterior se faz sentir sobre ele.

O equilíbrio é fixado em inércia até que o espaço exterior o perturbe e até que o Todo-pai surja para satisfazer a fome de espaço. Estranhas e profundas são essas verdades; de fato, são a chave da vida dos homens e das mulheres, e são desconhecidas de quem não adora a Grande Deusa.

A dourada Afrodite não vem como a virgem, a vítima, mas como Aquela que Desperta, a Ardente. Como espaço exterior ela chama, e o Todo-pai começa a corte. Ela lhe desperta o desejo, e os mundos são criados. Eis que Ela é Aquela que Desperta.

Aquilo que é potente no exterior é latente no interior, estando à espera Daquela que Desperta, incapaz de projetar-se até receber esse toque; empenhando-se com vigor como quem não pode vir a ser até que a Grande Deusa transforme o latente em potente.

Como ela é poderosa, a dourada Afrodite, aquela que desperta a condição humana!

Nossa Senhora é também a Lua, chamada por alguns Selene, por outros Luna, mas pelo sábio Levanah, porque em seu âmago está contido o número de Seu nome. Ela é a regente das marés de fluxo e refluxo. As águas do Grande Mar respondem a ela; e também assim o fazem as águas de todos os mares terrestres, e ela rege a natureza das mulheres.

Contudo há igualmente na alma dos homens um fluxo e um refluxo das marés da vida que ninguém exceto o sábio conhece. E essas marés a Grande Deusa governa sob o seu aspecto da lua. Ao passar de seu nascimento ao seu ocaso, essas marés a ela respondem. Ela se eleva do mar como a estrela da manhã, e as águas da terra se levantam em inundação. Ela mergulha como Luna no oceano ocidental, e as águas refluem de volta à terra interior e se imobilizam no grande lago de escuridão em que são refletidas a lua e as estrelas. Aquele que está imóvel como o escuro lago do mundo inferior de Perséfone verá as marés do Invisível movendo-se ali e conhecerá todas as coisas. Por conseguinte, é Luna chamada também aquela que proporciona visões.

Mas todas essas coisas são uma só coisa. Todas essas deusas são uma só deusa, e a chamamos de Ísis, a Toda-mulher, em cuja natureza residem todas as coisas; virgem e ardente, de modo alternado; doadora de vida e portadora da morte. Ela é a causa da criação, porque despertou o desejo do Todo-pai e por ela ele criou. Do mesmo modo, o sábio chama todas as mulheres Ísis.

Ela é aquela que, como o Grande Mar, pediu-lhe que voltasse a ela, mergulhasse em suas profundezas, se desgastasse e dormisse em profunda negação. Ela é aquela que, como Ísis do Mundo Inferior, o despertou com seus beijos nas trevas, e ele surgiu durante o dia, todo-potente, como Osíris. Ela é aquela que se eleva do mar como uma estrela e que o chama para que se mostre; e ele atende seu pedido, e a terra se cobre de verde com a vegetação. Todas essas coisas ela é, e muitas mais; transmutando-se de umas em outras de acordo com o movimento das marés da lua, e as necessidades da alma dos homens a ela respondem.

No exterior, ele é o masculino, o senhor, o doador de vida. Mas, no interior, ela toma a vida nas mãos ao se inclinar sobre ele, que se posta ajoelhado. Portanto, ele deve adorar a Grande Deusa, porque sem Ela ele não tem vida, e toda mulher é Sua sacerdotisa. Diante de toda mulher, que ele procure os traços de todas as deusas, observando-lhe as fases pelo fluxo e retorno das marés a que a alma dele vai responder, esperando que ela o chame, como ele tem de precisar, angustiado em sua esterilidade.

Toda mulher é uma sacerdotisa da deusa. Ela é a rainha potente do mundo inferior cujos beijos magnetizam e dão vida. No interior, ela é toda-potente, ela é a fertilizadora. Ela leva o masculino a criar, porque, sem desejo, a vida não vem à manifestação.

É o chamado dela nas trevas que desperta: porque, no interior, o masculino é inerte. Não advém ele de sua própria vida, mas do desejo que tem por ela. Até que as mãos dela o toquem, ele é como o morto no reino das sombras; ele é morte-em-vida.

Ó filhas de Ísis, adorem a deusa, e em nome dela façam o chamado que desperta e traz júbilo. E assim serão as abençoadas da deusa e levarão uma vida em plenitude.

O sábio de antigamente contemplava todas as coisas criadas como as vestes luminosas do Criador: e discerniam nos modos da Natureza os modos de Deus; e adoravam Deus tornado manifesto na Natureza, dizendo: "Na Natureza está Deus tornado manifesto; logo, que a Natureza seja para mim a manifestação de Deus."

Ísis é a Toda-mulher, e todas as mulheres são Ísis. Osíris é o Todo-homem, e todos os homens são Osíris. Ísis é tudo o que há de negativo, de receptivo e de latente. Osíris é tudo o que há de dinâmico e potente. Aquilo que é latente no exterior é potente no interior; e aquilo que é potente no exterior é latente no interior. Logo, é Ísis tanto Perséfone como Afrodite; e Osíris, o doador de vida, é também o Senhor dos reinos da morte. Essa é a lei da polaridade em alternância, que é de conhecimento do sábio.

O homem não deve ser sempre poderoso, mas deve jazer latente nos braços de Perséfone, entregando a si mesmo. Então ela, que era escura e fria como espaço exterior antes do Verbo criador, é feita rainha do mundo inferior, coroada pela entrega dele, e os beijos dela se tornam potentes nos lábios dele.

Desperto pelos beijos dela, ele vai elevar-se, o todo-potente, e o desejo dele vai atrair a dourada Afrodite para ele. Mas sem os beijos de Perséfone, ele ficaria adormecido para sempre no Hades.

E aquela que é sacerdotisa de Ísis rege todas as marés sutis, interiores, do coração dos homens como Levanah, a lua. Como Perséfone, ela o atrai para baixo, para o âmago das trevas, para que ele seja receptivo, negativo; como Afrodite, ela o desperta para a luz e para a vida. Ela atende com as suas fases mutáveis às necessidades da vida secreta dele, e ele, por ela plenificado, se torna glorioso em sua força. E ela, assim despertando, assim chamando, assim atendendo, é infundida da plenitude da vida, porque é a amada da deusa.

CAPÍTULO 6

Alguns Recursos para a Meditação

A meditação pode ser definida como a prática do pensamento concentrado e dirigido destinada a constituir uma atitude da mente. Trata-se de um componente de extrema importância da disciplina que desperta a mente para a consciência superior. Sem a prática regular da meditação, nos termos de uma técnica coerente, é impossível qualquer verdadeira realização. Há inúmeros livros sobre o assunto, que partem dos mais variados pontos de vista. Cada um desses pontos de vista tem o seu valor, e tenderemos a seguir um ou outro, a depender das inclinações de nosso caráter e das necessidades de nossa vida.

A meditação pode ser considerada de quatro diferentes perspectivas. Em primeiro lugar, da perspectiva do desenvolvimento da personalidade como tal, estando voltada para uma vida mais feliz e mais bem-sucedida, assim como para o aprimoramento das capacidades pessoais. Em segundo lugar, da perspectiva daquilo que se pode designar genericamente de perspectiva do Novo Pensamento, em cujo âmbito seu objetivo é permitir que a alma entre em harmonia com Deus.

Em terceiro lugar, do ponto de vista do ocultismo ou da yoga. E, por último, da perspectiva mística, cristã ou não-cristã, em que a meditação tem por meta capacitar a alma a dedicar-se irrestritamente à Divindade e unir-se a ela.

Creio que a concentração em qualquer desses métodos, se se acompanhar da exclusão de todos os outros — mesmo que isso seja enfaticamente recomendado pelos expoentes dos diferentes sistemas —, não produz os melhores resultados em termos de valores vitais humanos. É bem verdade que se obtém por meio dessa concentração a maior eficiência no sistema escolhido, mas se perde o sentido de proporção, e o desenvolvimento se torna unilateral. A consciência é composta por mais de um nível, sendo necessário o desenvolvimento de todos os níveis em proporção harmoniosa para o aperfeiçoamento da humanidade. Nenhum desses sistemas faz isso isoladamente; logo, nenhum deles contém o currículo completo da perfeição da humanidade. Que proveito tem o homem se ganhar o mundo inteiro e perder a própria alma? E estará ele em condição muito melhor se tiver acesso aos aspectos superiores da consciência mística e perder a saúde física? Ou alcançar o máximo poder da yoga e sacrificar o equilíbrio mental?

Eu aconselharia a todo aquele que se dedica à prática intensa da meditação que desenvolvam para si mesmos uma disciplina que inclua os quatro aspectos aludidos, de modo que os tremendos poderes despertados pela yoga possam ser disciplinados e dirigidos pelos contatos místicos, e de forma que a influência harmonizadora e calmante das auto-sugestões reiteradas do Novo Pensamento possam inspirar e estabilizar a mente, enquanto os ditames do senso comum presentes à pura e simples construção do caráter e ao desenvolvimento puro e simples de faculdades possam ajudar a manter um sentido de justa proporção.

A meditação não é de modo algum algo que possamos dominar com facilidade. É a calistenia da alma, que leva à acrobacia e ao atletismo. Quando iniciamos sua prática, descobrimos que, passado o primeiro entusiasmo, a própria mente vai resistir às práticas como se tivesse com relação a elas um antagonismo deliberado. Isso corresponde ao enrijecimento dos músculos de um atleta fora de forma. Mas é no entanto de conhecimento comum que a melhor maneira de se libertar desse doloroso enrijecimento consiste em movimentar os músculos até que se aqueçam e fiquem mais flexíveis. É preferível movimentar-se para combater esse enrijecimento, dado que tentar deixar que ele desapareça por si é mais do que inútil. O mesmo acontece com a mente: temos de reunir todos os nossos recursos de vontade e de perseverança a fim de vencer a resistência inicial da mente. Tendo-se logrado esse objetivo, e estabelecido o hábito da meditação, a inércia sobremodo resistente da mente que tornou tão difícil a prática da disciplina vai ajudar a mantê-la uma vez adquirido o hábito. Vamos nos sentir tão perturbados e incomodados se perdermos a hora da meditação quanto o ficaríamos se perdêssemos a hora de uma refeição.

Um período regular de meditação, durante o qual não se permita nenhuma interferência, é absolutamente essencial. Um bom momento do dia é imediatamente depois de se vestir e antes do café da manhã. A ausência de alimento no estômago torna a meditação muito mais fácil, e a atividade de se vestir garante que estejamos suficientemente despertos para não mergulhar no mundo dos sonhos em vez de seguir de modo concentrado uma cadeia de pensamento. Do mesmo modo, para muitas pessoas as primeiras horas da manhã, antes de as exigências do dia se apossarem delas, constituem o único período de tempo que pode ser considerado com certeza seu. A mente, descansada pelo sono e livre de distrações, está em sua melhor condição para contemplar coisas interiores. Não há melhor investimento possível no sentido do progresso espiritual ou mental do que essa meia hora furtada com sacrifício ao sono.

Não é um bom plano praticar meditação ainda deitado na cama antes de levantar, porque somente uma vontade de super-homem conseguiria nos manter despertos nessas circunstâncias, e é muitíssimo provável que nos enganemos sobre o ponto até o qual estamos despertos nesse momento. É no entanto muito bom o plano de voltar os pensamentos para a invocação dos Mestres por uns poucos instantes depois de acordar, num período no qual a consciência ainda se acha nas fronteiras do sono. Essa prática se torna com muita rapidez habitual, e vamos descobrir que sairemos regularmente do sono para nos ver invocando os Mestres de maneira subconsciente. Esse pensamento, que com freqüência escapa às limitações da consciência vígil, é sobremodo potente.

Também constitui um excelente plano adormecer em estado de contemplação, dirigindo a mente para alguma idéia ou ideal, e permitindo que os pensamentos girem suavemente em torno dela ou dele até que a mente se deixe levar pela corrente do sono. Não se deve tentar alcançar a concentração nesse momento. Os pensamentos intrusos devem ser apenas inibidos e a mente, estimulada a apegar-se com calma e quase ao acaso à idéia ou ao ideal escolhido. Passadas algumas noites de prática, vai-se descobrir que, quase antes de os pensamentos serem convocados e dirigidos para a idéia escolhida, ter-se-á mergulhado no mais tranqüilo e revigorante sono imaginável. E ainda que o sono não venha de imediato, e fiquemos deitados despertos por algum tempo, o que ocorre freqüentemente com pessoas muito tensas, estaremos descansando, porque a mente está em paz, e bem pouco tensionada, não se despedaçando com os produtos hiperbólicos da ansiedade e do excesso de imaginação.

Não há melhor maneira de ir dormir do que na tranqüila contemplação de um ideal espiritual, nem um caminho mais seguro para fazer que esse ideal venha a nascer na nossa natureza.

Esse deve ser um procedimento rotineiro, praticado todas as noites, dado que é, além de saudável, útil. Não devemos adotar como prática constante a tentativa de realizar façanhas ocultistas durante o sono, como é o caso da telepatia, da ascensão aos Salões da Iniciação ou da projeção do corpo astral. Se realizarmos esses atos com demasiada freqüência, é possível que sobrevenham distúrbios à função do sono. Trata-se de atividades próprias do iniciado treinado, que se acha equipado das Palavras de Poder, dos símbolos e da técnica necessários. Não se podem aprender essas coisas em livros, e nunca devemos tentar realizá-las na ausência das condições apropriadas. E mesmo em círculos de adeptos iniciados, é costumeiro observar momentos e estações para a dedicação a essas coisas, assim como se costuma evitar a sua prática incessante.

Outra prática útil é a da Saudação do Meio-Dia, na qual se elevam os pensamentos ao Deus da Natureza ao meio-dia em ponto, usando-se para isso o símbolo do Sol no Meio-Céu. Essa prática cedo nos deixa em sintonia com a essência espiritual da natureza, produzindo na consciência uns quantos efeitos muito importantes. Trata-se de prática vitalizadora e promotora de um jubiloso bem-estar; harmoniza todo o ser, correlacionando os seus diferentes aspectos, mental, emocional, instintivo e espiritual, como as notas de um acorde.

Apresenta muitas vantagens, se for possível, o meditar sempre no mesmo lugar; porém mesmo que não seja viável fazer sempre a meditação no mesmo ambiente, podemos pôr à nossa disposição algum símbolo que tiramos de seu invólucro e estabelecemos como foco de nossa meditação. Devemos ter sempre um tal símbolo de meditação, dado que constitui o melhor instrumento com que podemos contar. O discípulo que tenta adquirir o hábito da meditação sem recorrer a esses instrumentos externos está criando para si mesmo muitos problemas desnecessários. Enquanto não se utilizar um tal símbolo não se vai acreditar em seu efeito; ademais, quanto mais usado, tanto mais potente fica ele, dado que formas de pensamento vão se agregando ao seu redor a cada vez que se pratica a meditação.

É essencial, para que um símbolo desenvolva toda a sua força, mantê-lo sempre reverentemente envolto quando não estiver em uso, e devemos ser extremamente discretos no tocante às pessoas que permitimos até mesmo lançar-lhe um olhar, e ninguém exceto o seu dono deve tocá-lo — e mesmo o dono deve tomar esse símbolo nas mãos com reverência, saudando-o com o sinal apropriado, seja persignando-se, caso o sinal seja cristão, ou fazendo o sinal apropriado ao seu grau, se for um iniciado. Com tais precauções, evita-se a dispersão do magnetismo que o símbolo adquire e faz-se que ele se desenvolva mais a cada meditação praticada. Porque o símbolo escolhido não somente se acha vinculado, através de todas as leis da associação mental, com o ideal da meditação, como se cria ao seu redor uma real atmosfera, uma atmosfera que supera uma forma de pensamento e se configura como uma verdadeira aura magnética cuja influência depende de sua natureza.

O valor inestimável do símbolo de meditação é o seu poder de reunir os pensamentos desgarrados e afiná-los de acordo com a tônica de que ele está imbuído. As meditações que tivermos praticado em sua presença durante períodos de introvisão espiritual agem como mentores em períodos de aridez espiritual. Trata-se da bateria da força espiritual e, tal como a bateria num automóvel, proporciona a fagulha que permite que a máquina dê a partida.

A forma mais simples de símbolo a ser usado em condições desfavoráveis, por exemplo, quando em viagem ou quando se carece de privacidade, é uma figura adequada ou um cartão postal que represente alguma obra de arte que exprima a aspiração da alma. Pode-se ainda usar um cartão em branco com essas mesmas dimensões e nele inscrever os símbolos conhecidos pelo discípulo. Pequenas molduras de fotografias para viagens feitas de couro ou de papel resistente, com uma proteção de material forte e transparente em lugar do vidro, e que sejam dobráveis para ficar do tamanho de um livro de bolso, servem como um excelente invólucro-santuário. Um boa medida consiste em fazer um envelope de seda preta no qual se possa guardar a moldura, dado que isso preserva o pequeno santuário da contaminação psíquica e do desgaste físico.

Quando se dispõe de condições mais favoráveis, pode-se construir um santuário mais elaborado e o mais adequado para esse propósito é um pequeno armário de remédios que possa ser pendurado na parede numa altura conveniente à contemplação. A porta desse armário pode ser mantida fechada quando não estiver em uso; quando aberta, revela o interior com sua decoração simbólica e com objetos santificados por sua associação com a prece e com a aspiração da alma.

Manter uma chama perpétua ardendo diante do pequeno santuário pode custar um pouco mais porque só o mais puro óleo serve a esse propósito; qualquer outro tipo se acumula ao redor do pavio flutuante e apaga a chama. O tipo certo de óleo, chamado óleo de santuário, é vendido em toda loja especializada em móveis de igreja ou que venda livros e cromos católicos. Também nessas lojas se conseguem os pavios que flutuam no óleo. Qualquer pequeno receptáculo de vidro serve para acondicionar o óleo, mas essas lojas também vendem as lâmpadas de santuário adequadas, que variam das bem baratas às que constituem belos exemplos do artesanato de prata e que custam muito. Podem ser do tipo que fica de pé como um vaso ou do tipo que se pendura por meio de correntes e de um suporte. Mesmo que não seja viável manter a lamparina ardendo sempre diante do santuário, é útil ter alguma lamparina para acender quando se medita.

O incenso também ajuda na criação de uma atmosfera propícia à concentração. Pode-se comprá-lo na forma de varetas compridas em lojas de produtos orientais ou em cones de lojas de produtos religiosos. Algumas experiências hão de mostrar que tipos de incenso são ou não adequados. Há uma rica ciência aromática vinculada com os estados de consciência, mas não cabe aqui tratar disso. Para todos os propósitos práticos, qualquer substância aromática suave, mesmo que sejam apenas pinhões colocados para queimar ou ramos de lavanda, que sirva para alterar a atmosfera física costumeira do cômodo usado, é útil para permitir que a mente deixe o nível habitual do mundo exterior e vá para o interior.

O incenso ideal a ser usado é naturalmente o que é vendido para as atividades de igrejas ritualísticas, e que é especialmente composto a partir de resinas aromáticas. A dificuldade que esse tipo de incenso representa na meditação diária é a sua difícil manipulação, dado que ele tem de ser queimado sobre brasas de carvão, e o procedimento todo requer um certo tempo para ser executado; além disso, se não for queimado num turíbulo que se possa balançar, o incenso se espalha pelo ambiente de modo caprichoso.

Há porém uma coisa que se pode manter diante do mais simples santuário ou quando a tendência que tem o incenso de se espalhar pela casa torna desaconselhável o seu uso; trata-se de um vaso de flores. Deve haver diante de todo santuário algum objeto que nos atraia diariamente a atenção, seja uma pequena vela protegida ou uma diminuta oferenda de flores. Deve-se oferecer todos os dias um pequeno sacrifício para manter vivo o espírito do santuário.

Uma túnica de meditação também é de grande ajuda. O melhor tecido para isso é a seda preta fina ou, à falta dela, algum tecido fino de algodão, quem sabe mercerizado, devendo a peça ser bastante volumosa para cobrir o corpo com amplas dobras, incluindo-se mangas compridas que cubram as mãos e devendo-se ter uma espécie de capucho de frade para colocar sobre a cabeça. Quando não estiver em uso, a peça deve ficar guardada num invólucro de seda preta mantido bem longe das roupas de uso comum. Toda a idéia que forma a base das precauções materiais que se tomam para proteger as coisas sagradas da profanação ou da desmagnetização, o que é o mesmo, vem de uma analogia com a eletricidade. A força sutil que o poder da mente introduz em formas intangíveis, e que constitui o vínculo entre a mente e a matéria, tem natureza eletromagnética — e se agirmos nos termos da analogia com a eletricidade no trabalho com as suas manifestações sutis, não vamos de modo algum laborar em erro. O material mais eficaz para o isolamento é a seda preta.

Toda essa parafernália pode afigurar-se estranha a quem está acostumado com as simplicidades da oração protestante, mas a experiência com ela cedo fará que se perceba sua eficácia. De modo algum nos encontramos sob o efeito da delusão nos termos da qual essas medidas tenham algum efeito sobre a disposição de Deus, no sentido de incliná-Lo em favor do praticante, nem sobre as forças espirituais, no sentido de fazer que fluam em canais prodigiosos. Mas essas providências apresentam um marcado efeito sobre a consciência dos que as tomam, e é esse o motivo pelo qual recomendamos o seu uso aos que iniciam a prática da meditação. O meditador experiente pode prescindir de todos esses artefatos, mas o iniciante nessa que é em verdade uma arte com não poucas dificuldades vai considerá-las de grande ajuda.

CAPÍTULO 7

Ensinamentos Acerca da Aura

A aura é uma estrutura bem mais simples do que se costuma supor. Pode-se concebê-la como uma esfera ovóide que se estende à distância de um braço para além do corpo físico. A dimensão e a luminosidade da aura variam de acordo com o desenvolvimento alcançado pelo ser a que ela pertence.

A esfera ovóide consiste de modo geral num campo magnético formado por três níveis ou camadas concêntricos que na verdade se interpenetram, mas que são vistos clarividentemente como faixas de diferentes cores. Permeia e condiciona esse campo magnético um circuito dual de Força — a Corrente Cósmica do microcosmo — que se desenvolve ao longo da evolução e que vincula a Centelha Divina com o núcleo magnético da terra no curso da cada encarnação.

O circuito central dessa Corrente dá ao ser humano a energia que este tem, e o circuito periférico (que tem origem no circuito central) tem a ver com a organização dessa energia. No circuito central encontra-se ainda a parte da aura que está em contato com o Grande Imanifesto.

Como se vê por meio da clarividência, emanam dos veículos do ser humano faixas de força áurica visíveis como estratos coloridos de diferentes tipos. A aura não é necessariamente observada por intermédio da clarividência sempre na sua inteireza. Vê-se por vezes uma só faixa, ficando as outras semi-ocultas ou invisíveis. As três faixas, quando a aura é vista por completo, podem ser descritas da maneira seguinte.

I. *A aura magnética ou da saúde.* Trata-se da faixa mais interior do campo áurico, visto que, tal como a vê a clarividência, emana do corpo físico; e a sua condição indica a saúde desse corpo. Essa emanação varia de uma tênue nuvem acinzentada a uma forte luz prateada. Afirma-se às vezes que a aura tem natureza elétrica; se isso for verdade, podem-se descobrir meios de detectá-la, visto que já existem instrumentos científicos como o eletrocardiógrafo e o eletroencefalógrafo para descobrir a eletricidade do corpo. Kilner alegou há muito tempo que a aura poderia ser registrada dessa maneira; contudo, o preconceito e os exageros desqualificaram as pretensões das Telas de Kilner.

II. Depois da aura da saúde, a clarividência percebe uma área permeada de cores que denotam o estado de espírito ou temperamento predominante da pessoa. Trata-se da aura astral. Nessa seção, haverá a preponderância do amarelo se a pessoa for intelectual ou do azul se tiver um temperamento musical. A arte, o materialismo, o amor, a luxúria, o medo e a depressão são igualmente observados, em suas respectivas nuanças, nessas emanações astrais.

"Chakras", "Lótus" ou "Rodas" de força existem na realidade em todos os níveis da aura, mas os popularizados em livros-texto costumam referir-se à seção astral; e há nesta última sete pontos importantes que se acham em correlação com o sistema nervoso.

III. A faixa mais exterior da substância áurica vai além das ligações astrais e se alça na direção da Individualidade. Essa faixa, vista clarividentemente, se compõe das cores do arco-íris e de raios de luz. Ela mantém contato com o Eu Essencial, com seres não-humanos e com outras Potências Cósmicas, sem esquecer os Guias Esotéricos de vidas passadas e presentes. É também nessa faixa que se podem discernir indicações de ligações espirituais da pessoa com grupos esotéricos.

Essas três "seções" da aura representam respectivamente os níveis etérico, astral-mental e espiritual da consciência, que clarividentemente podem ser "vistos" como desenvolvidos ou não desenvolvidos de acordo com a luminosidade e a magnitude das faixas de luz que os representam. Auras de Mestres podem ser bem mais amplas do que as de pessoas menos evoluídas, e se um Mestre estiver trabalhando em conjugação com o discípulo, a aura deste último costuma ficar incluída na do Mestre, além de ser ela mesma mais ampla.

Diz-se que pode ajudar a visualização da aura o exercício que consiste em fixar os olhos no vazio à frente a fim de ver através da pessoa que está sendo estudada. Imagina-se então essa pessoa como uma figura astral desnuda em torno da qual se aglomeram espontaneamente as três faixas da aura.

Para esse trabalho, usa-se a glândula pineal ou centro da consciência, situado entre as sobrancelhas. Como é bem sabido, todas as experiências psíquicas devem ser mantidas sob o controle da vontade, não se devendo fazê-las quando se está fatigado ou emocionalmente perturbado. Também deve ser desnecessário dizer que essas visões só ocorrem subjetivamente. Vai-se perceber que, quando a terceira faixa da aura (que estabelece a ligação com o Eu Superior) está sendo inspecionada, a consciência se mostrará espiritualmente exaltada e tenderá à difusão no Eu Superior; do mesmo modo, quando as faixas astral e etérica da aura estão sendo submetidas a estudo, a consciência pessoal se concentrará magicamente nesses planos.

A Árvore da Vida deve ser traçada na aura, e muitas são as experiências de introvisão por que se pode passar no tocante ao caráter e ao desenvolvimento observando-se a maneira como as Sefirotes e os Pilares se apresentam. Também é útil traçar da mesma maneira o mapa astral e observar as influências que pode sugerir. É contudo recomendável ter em mente que a astrologia não deve ser tratada nem como uma "ciência exata" nem como uma superstição, mas como um esclarecedor método analítico e filosófico.

Há vários livros sobre a aura cujo estudo é recompensador. Recomendam-se em especial os de C. W. Leadbeater e de seu pupilo A. E. Powell. Ensinamentos adicionais a esse respeito estão incluídos aqui. Eles se referem à relação da aura com a Polaridade.

O circuito central de força magnética da aura, que passa entre a Centelha Divina e a alma na terra, é o fator essencial da manifestação individual. Podemos concebê-lo como uma emanação da Centelha Divina que gira em torno do núcleo magnético da terra e retorna à

Centelha Divina. É a passagem dessa corrente pelo núcleo magnético da terra que determina a encarnação. O circuito magnético secundário da aura, o Circuito Periférico, se origina nas emanações dos circuitos primários [*sic*] e interage com fatores ambientais. Esse circuito é sensível às influências mutáveis desses fatores, enquanto o circuito primário, central, é imune a influências exteriores. Há entre esses dois circuitos um campo magnético, que é a aura propriamente dita. Há no interior da aura diferentes formas de atividades, formas que constituem a fonte das faixas multicoloridas descritas pelos clarividentes.

O circuito central permanece infenso a todas as condições adversas; sua voltagem se eleva e se reduz, e a direção do fluxo da corrente se altera, de acordo com fatores esotéricos constantes. O circuito periférico, no entanto, é altamente sensível a essas influências, correspondendo os centros que nele há aos fatores externos; ele reage a todas as alterações nesses fatores. E essas mudanças decorrem das permutações e das combinações dos fatores cósmicos, que se reforçam, se modificam ou se contrapõem uns aos outros, tal como o descreve o exame de um horóscopo.

A energia disponível na aura é derivada de seu circuito magnético central, mas a organização dessa energia no interior da aura é afetada pelas influências a que está exposto o circuito periférico. Essas influências instalam correntes no interior do campo magnético dos dois circuitos. Essas correntes inter-relacionadas estabelecem o equilíbrio do curso do tempo, tornando-se centros e sistemas estabilizados da maneira descrita em *A Doutrina Cósmica* (publicado pela Ed. Pensamento). Embora os ensinamentos se refiram na verdade à gênese do universo, aplicam-se eles igualmente ao desenvolvimento da aura de cada pessoa. A Árvore da Vida é a seção transversal da aura; o que se aplica a ela aplica-se igualmente ao universo.

Quanto maior o desenvolvimento da aura, tanto maior a magnitude daquilo que se pode descrever como a sua tensão de superfície — uma espécie de película de resistência formada pelo entrelaçamento de circuitos magnéticos. Esses circuitos advêm de raios de emanação que se dirigem para o exterior e que obedecem à lei da curvatura da força, raios que retornam a si mesmos em seu ponto de emanação. A tensão aumenta de modo gradual, causando, por assim dizer, uma retração e um enrijecimento dos circuitos, até que, por fim, é estabelecida uma superfície tensamente resistiva de enlaçamentos magnéticos. Essa estrutura constitui o invólucro exterior da aura.

Quando é alcançada essa fase, a tensão no interior dos campos magnéticos se eleva de maneira progressiva porque deixa de haver então perda de força, dado que os Raios estão agora fazendo a sua reentrada. Chega então o momento em que se podem criar aberturas na aura e projetar raios de força, uma vez que já se acumulou a essa altura força suficiente para que essas projeções sejam possíveis. Deve-se no entanto observar que tais emanações provêm do campo magnético, não do circuito central. Esse fato explica algumas discrepâncias que podem ter aparecido nos ensinamentos. Toda troca de magnetismo ocorre a partir do campo de indução, não a partir do circuito central, que é a fonte de energia. A fonte primal de toda força, a Centelha Divina do Grande

Imanifesto, possui força infinita, não sofrendo por isso o efeito dessas emanações ou perdas, mas o potencial do campo magnético é afetado por essas últimas, da mesma maneira como tem alterados os seus estados e a sua distribuição pelas influências que afetam o circuito periférico.

Não obstante, quanto mais evoluída a organização de superfície da aura, tanto menos é esta afetada por influências externas, exceto quando se desenvolvem centros de recepção de diferentes tipos de força. Logo, no curso de sua evolução, a aura passa pelas seguintes fases: uma fase primordial de completa imunidade a todas as influências que não as do fluxo e do refluxo da corrente magnética central que corresponde à vida pré-natal da Personalidade ou Eu Inferior; uma fase de desenvolvimento no curso da qual aumenta a sensibilidade, fase que corresponde à juventude da Personalidade encarnada; uma fase madura em que a receptividade da periferia vai sendo posta em equilíbrio com a resistência do núcleo central e, portanto, sob o controle da Centelha Divina; e uma fase final durante a qual a receptividade vai se reduzindo e a atividade da aura agora altamente desenvolvida se concentra ao redor das flutuações do núcleo central.

Essas fases ocorrem no curso da evolução. Cada encarnação testemunha o recomeço das diferentes formas de atividade que caracterizam os diferentes planos da manifestação; cada desencarnação testemunha a interrupção dessas formas de atividade. Mas a atividade do núcleo central nunca cessa durante todo o curso da evolução, sendo o seu fluxo, o seu refluxo e as suas permutações perpétuas que constituem o padrão em constante mudança da existência. Todas as coisas são redutíveis a esses termos e, pois, quando reduzidas a eles, se tornam explicáveis e previsíveis. Mediante uma compreensão da natureza e da interação entre esses fatores, pode-se alcançar o controle das forças que se manifestam no âmbito da esfera áurica. A Personalidade, que se forma a partir das emanações do circuito periférico, é negativa no que se refere ao ambiente, sendo portanto por ele influenciada; mas a Individualidade, ou Eu Superior, se organizada ao redor do núcleo magnético central e é responsiva à influência da Centelha Divina, que obedece a leis que estão além da compreensão de seres encarnados, sendo compreensíveis tão-somente em termos da consciência, que é dotada da capacidade de elevar-se ao plano em que essas leis operam.

Esse conhecimento, todavia, pode ter sido traduzido e transmitido por meio da reflexão e da dedução em consciências adequadamente condicionadas, sendo a obra dos Mistérios levar a efeito esse condicionamento, bem como ensinar a Tradição do Circuito Periférico em seu relacionamento com o universo.

Toda a tradição ocultista prática é erigida sobre essa base teórica, que deve ser assimilada por todos os que vão transformar as artes ocultas em ciência. Os ensinamentos práticos têm por fundamento, pelo qual são explicáveis, os princípios esboçados nessas noções acerca da aura. Deve-se sempre ter em mente que a aura é fundamentalmente uma unidade autocontida imune a condições exteriores; que ela inicia a sua evolução nesse estado, e a ele retorna, depois de passar por uma fase de suscetibilidade, a sofrer modificações em suas atividades em função de influências exteriores; mas imune a alterações em sua organização e em sua existência essenciais. Depois de alcançado um certo ponto em seu desenvolvimento, ela vai se tornando cada vez mais independente de influências exteriores, mas até esse ponto, ainda que não depende dessas influências para existir, a aura depende dela no tocante à ativação de suas atividades, podendo igualmente estar sujeita à inibição e à deformação de seu desenvolvimento devido à influência desequilibrada ou adversa desses fatores exteriores — quando falo de adversa, digo adversa a uma dada fase de atividade da aura.

Uma vez alcançado um estado de libertação da influência exterior por meio do desenvolvimento ocorrido em centros interiores à aura correspondentes aos fatores externos — centros que podem se especializar em atividades da energia primária do circuito central, nos mesmos moldes da especialização dos centros cósmicos —, a entidade pode, por meio da interrupção de todas as emanações rumo ao exterior, aumentar a voltagem de seu campo magnético, passando assim a ter energia suficiente para a projeção de emanações. A entidade pode determinar o tipo dessas emanações, em sua distinção com respeito a uma irradiação difusa de energia, se tiver condições de fechar a sua esfera a todas as influências exteriores e de gerar energia de um tipo específico mediante a concentração da energia básica num dado centro. Esse é o método dos adeptos.

Quando se atinge a completa imunidade com respeito às influências exteriores, a entidade passa a agir inteiramente por si mesma. Durante as fases intermediárias de aquisição de sensibilidade e de efetivação do controle da sensibilidade e da criação de imunidade a ela, o uso habilidoso de estímulos é uma valiosa técnica de ação, o mesmo ocorrendo com o seu corolário, a hábil utilização da arte de imunizar-se. A sensibilidade aos estímulos é conseguida pela concentração no circuito periférico; a imunização, por intermédio da concentração no circuito central. A fim de assimilar essas técnicas, a imaginação visualiza os circuitos como glifos diagramáticos com a ajuda da Árvore da Vida, bem como do mapa do céu em sua relação com o circuito periférico. O adepto os elabora na forma de figuras visualizadas com nitidez, sendo a primeira de sua aura e a segunda, de seu ambiente. Por uma questão de simplicidade, trata-se de figuras altamente estilizadas, de caráter simbólico, e plenas de significado místico. A história de Guinevere é um dos mitos vinculados com o Glifo de Yesod, de Hod e de Netzach. Os mitos se vinculam com o aspecto da força, e os glifos, com o aspecto formal da manifestação.

CAPÍTULO 8

Dificuldades que Incidem sobre a Cura Espiritual

A questão da cura sempre foi de interesse primordial para os estudiosos do ocultismo. Tendo descoberto o grande progresso do nosso conhecimento que advém das doutrinas da ciência esotérica, esses estudiosos não podem deixar de se dar conta de que esse conhecimento tem sua aplicação prática no campo da terapêutica. O idealista sente especial atração pelos estudos místicos e transcendentais, e o seu intenso impulso compassivo o leva a querer acima de tudo aliviar o ônus do sofrimento que incide sobre o mundo. O idealista tem uma aguda consciência das limitações dos métodos ortodoxos e se sente acirradamente ansioso por dispor de uma maneira de fugir a essas limitações. O impulso humanitário e a dedicação que os descobridores têm uns com respeito aos outros tornaram o campo do ocultismo um prolífico terreno de criação de todo tipo de idéias em termos de terapêutica e de higiene.

A Fraternidade com a qual trabalho, dado o fato de ser uma sociedade dedicada ao estudo de todos os ramos do esoterismo, costuma ser consultada acerca da existência de círculos de cura entre seus pupilos, ou classes de ensino da cura espiritual; e quando replica que não tem em seu âmbito nenhuma dessas coisas[1], perguntam-lhe se condena a cura espiritual e se dá aos seus pupilos conselhos contrários a essa prática. Pode por conseguinte ser oportuno definir a posição da Fraternidade com o fito de evitar mal-entendidos tanto num como no outro caso.

No tocante a esse assunto, não se pode dar uma resposta positiva ou negativa pura e simples. Há necessidade de esclarecer e de impor classificações à questão a fim de lhe poder fazer justiça. Porém podemos indicar em breves palavras a nossa atitude mediante a afirmação de que acreditamos na cura espiritual, mas não acreditamos em agentes de cura espiritual. Será que isso significa que não temos interesse pela cura espiritual? De modo algum! Sendo esta uma Fraternidade da Tradição que reconhece Esculápio e Paracelso, dificilmente podemos considerar a questão da terapêutica um assunto alheio a nós. Significa sim que a levamos tão a sério que não nos inclinamos a brincar com ela nem permitir que a tornem objeto de brincadeiras se isso estiver ao nosso alcance. Embora estejamos plenamente atentos às possibilidades da cura espiritual, não podemos fechar os olhos aos resultados insatisfatórios e mesmo desastrosos decorrentes do uso ignorante ou inadequado dela. Desejamos que se efetuem curas espirituais, mas queremos que sejam feitas da maneira correta e nas condições corretas, de modo que o paciente tenha as melhores oportunidades possíveis; mas não lhe propiciamos essas condições quando a pessoa que se encarrega de seu caso ignora as dificuldades apresentadas pelo problema que afeta o paciente.

---

1. Na época em que este texto foi escrito.

As boas intenções não substituem um sólido conhecimento. Assim como os materialistas laboram em erro ao afirmar que o homem consiste apenas no corpo físico, erram também os místicos quando agem como se o homem fosse exclusivamente espírito. O homem é um ser séptuplo [sic], não se podendo separar uns dos outros os aspectos de sua natureza para nenhum propósito prático, dado que eles se acham em interação.

O único agente de cura eficaz é aquele que dispõe de um conhecimento adequado da natureza quádrupla do homem, pode diagnosticar em termos de cada aspecto da vida manifesta e tratar cada nível de manifestação de acordo com as suas necessidades. Cada plano da manifestação apresenta suas próprias leis e condições; o plano espiritual é governado pela lei espiritual; o plano mental, pelas leis do funcionamento da mente; o plano astral, por suas leis específicas; e o mesmo ocorre com os subplanos etéricos da matéria; a própria matéria densa é também um reino, dotado de um governo constitucional.

Isso não quer contudo dizer que cada plano seja autônomo. Cada nível é regido e animado pelo próximo nível mais sutil: o físico pelo etérico, o etérico pelo astral, o astral pelo mental, e o mental pelo espiritual. Mas embora os níveis mais sutis governem e animem, cada um deles, o seu vizinho mais denso, seu governo é o de monarcas constitucionais, nos termos das leis do país, não como autocratas arbitrários. A mente pode ter profundas influências sobre a matéria, mas nem por isso pode fazer com ela o que bem quiser. Tem ela de governar sempre por meio do uso das leis inexoráveis do plano físico. Nem mesmo a mais extremista escola de cura espiritual espera que o homem desenvolva um novo membro; ela se contenta com que os processos de recuperação dos membros existentes ocorram naturalmente pela reconstrução gradual e normal do tecido. Com efeito, satisfaz-lhe concentrar a *vis medicatrix naturae* no local necessário e deixar que a cura venha a ocorrer por meios naturais.

O grande erro cometido pelos agentes de cura espiritual é o recusar-se a reconhecer o fato de que cada plano tem as suas próprias leis e de que essas leis constituem tanto os meios como as limitações de sua arte. O grande engano que comete a escola médica materialista é recusar-se a reconhecer o fato de que cada nível da manifestação é operado e dirigido a partir de um plano mais sutil e de que os acontecimentos e as reações desse plano mais sutil devem ser levados na devida consideração. O praticante da medicina ortodoxa é herdeiro de gerações de pesquisas sistematizadas acerca da natureza da máquina física, tendo desta uma compreensão bastante abrangente. Ele sabe o que fazer se o sistema de engrenagens e correias que chamamos de membros saem de seus eixos; em outras palavras, ele pode reduzir um deslocamento. Se algum segmento do tubo que são os intestinos humanos apresentar uma obstrução, ele sabe que a única coisa a fazer é abrir a tampa da máquina e desfazer essa obstrução. Se não se fizer isso, a alma vai abandonar esse instrumento inútil, dado que não há um montante de energia espiritual capaz de fazer que uma substância material passe por um tubo obstruído, como muitos agentes de cura espiritual aprenderam por experiência própria. Na verdade, o praticante mundano da medicina conhece integralmente a mecânica do corpo.

Quanto à sua química, tem ele um certo grau de conhecimento, mas este de modo algum é completo. Ele pode reproduzir num tubo de ensaio os processos da digestão; pode misturar ingredientes químicos e produzir um suco gástrico artificial que é tão bom quanto o natural. Mas, nesse campo, ele está interferindo nos processos vitais sem ter uma compreensão da natureza da vida. Ele não pode explicar por que, sob a influência de uma emoção dolorosa, como o medo, o ódio ou o pesar, o estômago muda a natureza dos sucos digestivos que secreta, de modo que estes se tornem inúteis e até mesmo concretamente venenosos. Ele pode ser capaz de reproduzir as secreções em seu tubo de ensaio, mas não pode reproduzir as influências da emoção sobre essas secreções.

O agente de cura espiritual, por outro lado, pode influenciar as emoções, acalmá-las, transmutá-las e dar-lhes uma direção. Ele, e somente ele, pode curar a dispepsia advinda de uma perversão crônica do suco gástrico causada por perturbações emocionais igualmente crônicas.

Mas assim como aquela doença chamada de cabeça de hidra que é a dor de estômago pode ter como origem um distúrbio do aspecto sutil, emocional, do homem que age como regulador do metabolismo, pode a sua origem ser uma disfunção da mecânica ou da hidráulica da digestão. Um caso requer métodos espirituais e o outro, métodos cirúrgicos — e rapidamente. Quem decide em favor de uma ou de outra opção? A única pessoa competente para fazer um diagnóstico é aquela que foi treinada num hospital geral e viu toda a gama de doenças nos vivos e nos mortos; a pessoa que tenha uma representação mental nítida do mecanismo oculto do corpo e das formas como se manifestam, macroscópica e microscopicamente, os processos doentios. Só essa pessoa pode saber o que está acontecendo e fazer uma avaliação apropriada, visto que só ela pode decifrar o significado dos indícios físicos.

É por esse motivo que, embora, na qualidade de ocultistas, tenhamos uma teoria da doença e da terapia, somos reservados no que se refere à prática da cura espiritual. Não porque contestemos a validade da cura espiritual quando aplicada a um caso adequado, mas porque não confiamos na capacidade de diagnosticar do agente de cura espiritual e porque reconhecemos a possibilidade de ele vir a se encarregar de um caso impróprio e criar por isso um qüiproquó dos mais lamentáveis. É perfeitamente aceitável, ao ver do defensor fanático da cura espiritual, dizer que Deus é onipotente e que o espírito é tudo, enquanto a matéria não tem nenhuma importância. Não me sinto em condições de discutir a metafísica aí envolvida, e a corte de apelação suprema tem de ser sempre a experiência — e a experiência, infelizmente, não sustenta as alegações desses defensores da cura espiritual. Essa modalidade de cura tem os seus limites, quer os agentes de cura espiritual o admitam ou não. Esses agentes estão longe de exibir um sucesso uniforme, o que não seria o caso se a sua hipótese estivesse correta.

O fato de Deus ser onipotente não quer dizer que Ele seja arbitrário e imprevisível como um déspota oriental [sic]. Não é lícito supor que Ele aja de acordo com leis e que a Sua onipotência respeite a natureza inviolável de Suas leis? Não são as leis e limitações da matéria tão parte de Suas determinações quanto o são as leis do espírito? Quando uma chamada cura espiritual resulta na cura de males físicos, vê-se ela transformada, *ipso facto*, numa cura física. Uma cura espiritual que continue a ser espiritual jamais pode ocorrer no plano da matéria. A força espiritual tem de ser transmutada descendentemente por entre os planos e manifestar na matéria para que possa acontecer uma mudança na condição física.

De igual modo, não será possível que o resultado bem-sucedido do tratamento médico ou de uma operação devesse na realidade ser considerado uma cura espiritual? Se for o nosso karma morrer, morreremos, apesar de tudo o que se possa fazer por nós; e se for o nosso karma obter a recuperação, por que não deveriam as forças espirituais manifestar-se por meio da habilidade do cirurgião, assim como por intermédio da mente do agente de cura? Por que deveríamos desconsiderar algum componente da arte da cura e dizer que nesse caso Deus não age? Toda cura é espiritual, quando corretamente compreendida, dado que a própria vida é, em essência, espírito.

É esse desolador antagonismo entre os expoentes materialista e místico da arte de cura que tem de ser deplorado. O paciente precisa tanto de um como do outro, dado não ser possível que qualquer dos níveis do homem, com a sua natureza compósita, seja afetado sem que a perturbação se dissemine pelos planos, de modo ascendente e descendente; e a restauração nunca é um processo restrito a um dado plano.

Ao julgar se um determinado caso se presta à cura espiritual, há a considerar um outro fator além da natureza física da queixa: o *status* espiritual do paciente.

Justifica-se o uso de forças espirituais para restaurar um sentido físico de bem-estar quando o paciente é uma pessoa de mente materialista cujo mal consiste em gratificar excessivamente a si mesmo? Justifica-se aceitar como objeto da cura espiritual alguém que não dê a mínima importância a coisas espirituais e que apenas deseja ver-se livre de seu incômodo?

Antes de podermos dar uma resposta a essas perguntas, temos de responder outra. O que é cura espiritual? Porque há vários tipos de cura não-física e nem todas são espirituais.

A verdadeira cura espiritual é com efeito uma cura do caráter mediante a qual o karma passa por uma abreação e o paciente se vê livre dos efeitos ulteriores de forças que ele mesmo pôs em movimento no passado. Até agora, a vasta maioria daquilo que se chama imprecisamente de cura espiritual é na realidade cura mental, uma cura por meio da qual se recorre ao poder que a mente tem sobre o corpo, e essas curas têm tão pouco direito de ser chamadas espirituais quanto o método de auto-sugestão de Coué, que tanto se aproxima delas. Baudouin, ao fazer a sua esplêndida análise do método de Coué tal como apresentado em seu livro mais valioso, *Suggestion and Auto-suggestion*, revela o *modus operandi* de toda cura de cunho não-físico, mostrando com exatidão a maneira como a mente subconsciente manipula o corpo. É sempre a emoção, não a vontade, a força motriz. No caso da cura espiritual, é a emoção espiritual derivada da experiência mística. No caso da cura mental por sugestão, que é a modalidade de cura em que se enquadra em verdade a maior parte das curas não-físicas, é a emoção de fé e de esperança induzida pelo prestígio do agente de cura a força motivadora da mudança de consciência que efetua a cura.

Quando se afirma que o agente de cura é um espírito desencarnado, essa nossa afirmação não é invalidada, dado que, com toda a certeza, supondo que tenhamos aprendido algo da ciência oculta, aprendemos que a morte não faz diferença para nós, sendo tão-somente o abandono do corpo físico. O espírito agente de cura apenas tem a seu favor o prestígio adicional de ser algo um tanto incomum.

Embora a força que efetua a cura possa ser puramente espiritual no começo, tem ela não obstante de ser "traduzida" descendentemente pelos planos antes de poder ter efeito no plano físico. A mente não pode manipular a matéria, mas pode manipular o duplo etérico que é a matriz da matéria. Contudo, como o demonstrou Baudouin, estando o nível da mente que entra em contato com o duplo etérico fora do alcance da vontade, temos por conseguinte, ao procurar manipular esse duplo, de encontrar um substituto para a influência diretiva da vontade consciente; vemos isso no efeito espontâneo da emoção operando por meio de uma figura da imaginação.

A emoção genuína, e só a que o for tem força motriz suficiente, não pode ser produzida quando bem se desejar. Coué deu-se conta disso, e encontrou seu substituto da emoção na atenção contínua por um período prolongado, tendo decorrido disso a introdução por ele do pedaço de corda com nós e da repetição de uma fórmula. Na cura espiritual verdadeira, a emoção que produz a mudança é evocada por meio da experiência mística. No nível mental médio, a cura é evocada pelo prestígio do praticante. Na cura mediúnica, é produzida por sugestão telepática. Em todos os casos, o *modus operandi* é o mesmo: a mente automática do paciente, o nível mais inferior da subconsciência que controla o duplo etéreo, é manipulada e é esse o veículo da cura.

Assim que tocamos a mente subconsciente, tocamos os mecanismos ocultos da personalidade, e quem quer que realize essa façanha extremamente potente precisa saber o que está fazendo. Nada é mais enganoso nessa esfera do que o óbvio. A mente subconsciente, quando perturbada, sofre uma reviravolta, transferindo as suas emoções do objeto real para um símbolo, e faz tamanha confusão em seu percurso que, para desenredá-lo, só mesmo um psicólogo especializado. Em nenhum lugar tendem os insensatos a se aventurar tanto quanto na esfera do alívio dos distúrbios mentais. Alguém lhes conta uma história ridícula mas plausível e eles a aceitam sem questionar. Mal se dão conta daquilo que se acha em ação por sob a superfície.

Tome-se o caso a seguir, típico de muitos, como um exemplo. Um homem com um grande grau de personalidade e de magnetismo descobre ser capaz de ajudar as pessoas, de animá-las quando deprimidas, de vitalizá-las quando alquebradas, e mesmo de aliviar a dor por meio do toque, e ei-lo estabelecido como agente de cura. Esse homem pode ou não, além dessas qualificações primordiais, ter estudado a naturoterapia ou o tratamento manipulativo; mas seu principal atributo é a sua influência pessoal. Ele tem aquilo que a profissão médica ortodoxa chama de jeito com os doentes. É provável que seja capaz de ajudar muitas pessoas de várias maneiras, tendo como principal recurso conseguir levá-las a se ajudarem a si mesmas de uma maneira que o praticante da medicina, que se apóia somente em sua farmacopéia, não o pode fazer. Há grandes probabilidades de essa pessoa ser um médico nato a quem faltaram oportunidades de qualificação. A sua intuição e percepção naturais logo se vêem reforçadas pela experiência prática, e é provável que ele também leia livros de medicina e forme acerca do assunto um certo quadro mental. Tudo corre bem por algum tempo, ele faz algum bem e não faz nenhum mal duradouro, dado que os remédios naturopáticos não são drásticos. Pode-se impingir muitas coisas às pessoas sem as prejudicar muito, bem como impor-lhes certos regimes alimentares bem estranhos sem lhes causar mais do que soluços. Os métodos mentais e espirituais de tratamento aplicados a pessoas normais são na pior das hipóteses ineficazes, e não produzem reações graves.

Há contudo certas dificuldades nesse caminho que a pessoa em questão não tem condições de evitar, como se verá com clareza depois da explicação. Há entre seus pacientes certos casos que se queixam exatamente dos mesmos sintomas; cansam-se, deprimem-se, desestabilizam-se e têm sensações de doenças mal definidas com uma grande facilidade; são pessoas que não estão propriamente doentes, mas que também nunca gozam de bem-estar, tendo talvez alguns estranhos sintomas à guisa de contrapesos. Seja como for, qualquer que seja o mal que as aflige, o fato é que a máquina humana está funcionando de maneira imprópria. Ele aplica mais ou menos o mesmo tratamento a todos esses casos, um tratamento que beneficiou inúmeras pessoas com sintomas semelhantes. Consideremos agora o histórico desses casos, e permitam-me dizer que eles não são imaginários: vi com meus próprios olhos muitas pessoas de cada tipo.

O Caso número 1 reage ao tratamento explodindo como uma bomba. Trata-se de um caso de repressão sexual, e as forças represadas são lançadas de modo intempestivo sobre o pobre agente de cura, cujo magnetismo não teve nenhuma eficácia; e como o diabo sabe, não há fúria que se compare à de uma mulher desdenhada: ela conta aos amigos que ele tentou se aproveitar dela, e é provável que estes acreditem, dado que talvez seja impossível imaginar pessoa mais virginal do que ela. Essa senhora pode mesmo procurar a polícia com a sua história, mas a recepção que terá será menos simpática, porque essa é uma velha história para a polícia que conhece a natureza humana.

Ora, o que faria o médico qualificado com um tal caso? Ele não acredita muito em sintomas que não sejam acompanhados de sinais palpáveis. Sabe que, se a paciente se queixa de ter sensações incomuns, estas terão de se mostrar de alguma maneira; pode ser no sangue examinado ao microscópio, no eletrocardiograma; um ou outro dos inúmeros métodos modernos de diagnóstico haverá de revelar alguma coisa anormal em alguma parte do corpo. O homem qualificado tem a seu dispor recursos que são negados ao seu rival heterodoxo, e, com a ajuda desses recursos, ele pode explicar a anormalidade em termos da função fisiológica, que é a única solução real para todo problema de doença. Ele detecta silenciosamente o caso de histeria porque sabe que os sintomas de que se queixa a paciente têm de ser acompanhados dos sinais palpáveis correspondentes. Quando estes estão ausentes, ele não tenta tratar a condição física, que provavelmente não precisa de tratamento, mas faz que a paciente passe por um diagnóstico psicológico — e o profissional que se ocupa do caso nunca a examina a sós, dado que sabe o que se acha na base do problema dela.

Não é sem dúvida evidente, quando se compreende o mecanismo de um tal caso, que injetar mais força vital numa pessoa que já sofre de congestão de força vital é provocar uma catástrofe?

Consideremos agora o Caso número 2. Os sintomas são quase os mesmos. Aplica-se o tratamento, e dele resulta uma melhora, quem sabe uma grande melhora. O paciente retoma atividades que tivera de abandonar. O caso é louvado como uma cura. A reputação e a autoconfiança do agente de cura aumentam. Não obstante, algum tempo depois, o caso começa a piorar de maneira gradual; aplica-se o tratamento e ocorre nova melhora. Mas o problema volta. Um novo tratamento, uma nova cura. Acaso alguém se dá conta de que as exacerbações sobrevêm quando aumenta a seiva e caem as folhas, e de que abrandam quando a mudança de estação se conclui?

Ocorre então um dia algo que não se pode ignorar: o paciente cai de súbito com sangue jorrando da boca, para o horror de todos e, mais ainda, do agente de cura. A maioria das pessoas sabe o que isso significa. Chama-se um médico, que diz: "Se eu tivesse examinado esse caso na primeira manifestação do problema, ele teria sido curado. Agora o fim é mera questão de tempo."

Mas a coisa não pára aí. O médico deseja examinar aquilo que chama de "contatos", as pessoas que estiveram em contato próximo com o paciente; e, ao fazê-lo, ele descobre que alguns adultos e todas as crianças foram infectadas, porque a tuberculose é infecciosa e as crianças são especialmente suscetíveis a ela.

Vem agora o Caso número 3. A história não varia muito: vagos mal-estares e alguns leves sintomas localizados. A condição não cede diante do tratamento espiritual, mas persevera-se nele. Chega-se a um diagnóstico doméstico e se experimentam vários remédios naturais, mas não se produzem resultados. Quando o caso finalmente chega a mãos médicas, o diagnóstico é um câncer que já não pode ser operado.

Finalmente, consideremos o que o Caso exemplar número 4 tem a nos ensinar. Não há muito o que se ver nele; apenas um estado crônico de saúde frágil. Em seguida, as coisas pioram e os sintomas mostram com clareza que é paralisia, problemas cardíacos, problemas renais, qualquer problema. O agente de cura espiritual reconhece com clareza o caráter da queixa: salta aos olhos. E qual é o diagnóstico último do caso? O médico não conclui com tanta rapidez quanto o agente de cura espiritual, ainda que não conteste a interpretação que este fez dos sintomas; o coração ou os rins estão de fato envolvidos, isso é inegável. Mesmo assim, ele retira uma amostra de sangue do paciente para exames. Depois disso, prescreve um tratamento que há de se estender por dois anos. Há uma rápida melhora, porém o médico não dá alta ao paciente, insistindo na continuidade do tratamento. Ele diz também que é preciso evitar gravidez por dois anos, e quando vemos como é o bebê que nasce antes de se passarem os dois anos, não nos surpreendemos. Por que será que o médico pode curar essa paciente e Deus não? Talvez Deus não o deseje fazer nessas circunstâncias particulares. Quando curou um dos sofredores que O procuraram, Nosso Senhor disse: "Vai e não peques mais". Mas não suponho que tenha ocorrido em algum momento ao agente de cura espiritual dizer isso a seu paciente, nem pensou ele em fazer perguntas acerca de um lapso moral há muito esquecido.

Há três doenças que são responsáveis por mais problemas de saúde do que todas as outras em conjunto; as três são insidiosas no começo, multiformes em seus sintomas, atacando qualquer estrutura do corpo e produzindo diferentes efeitos em diferentes casos; todas são sensíveis ao tratamento em suas fases iniciais e incuráveis quando deixadas a si; e essas três doenças precisam ser diagnosticadas por meio de exames laboratoriais, e duas dentre elas podem ser transmitidas a outras pessoas pelo sofredor. O agente de cura espiritual tem condições de identificar as fases incipientes da tuberculose, do câncer e da sífilis? Tenho passado toda a minha vida em círculos que buscam curas heterodoxas de um ou de outro tipo, e visto tantos casos resistentes que no final revelaram ser uma dessas moléstias que, embora não tenha condições de afirmar que as forças espirituais não as pudessem curar, creio ser justo concluir que elas são extremamente resistentes à cura espiritual e que se obtêm resultados muitíssimo melhores por meio de métodos físicos, desde que estes sejam aplicados nas fases iniciais. Mas ao dizer essas coisas tão duras acerca da cura espiritual, não aspiro lançá-las em descrédito *en bloc*.

Vi casos de doenças sérias nos quais o diagnóstico foi tão bem estabelecido quanto era possível ser curado por meios espirituais quando todos os recursos físicos haviam fracassado; e vi casos que foram de fato curas, dado que o paciente se livrou da histeria, ainda que essas não tenham sido assim considerados; mas esses dois tipos de cura não passam de uma pequena porcentagem dentre uma gama deveras deplorável de pura insensatez, credulidade e charlatanismo.

A limitação da cura espiritual reside em dois fatores: em primeiro lugar, a falta de habilidade do agente de cura, sejam quais forem os seus poderes de curar, no sentido de fazer um diagnóstico e determinar que casos são apropriados para seus tratamentos e quais não o são; e enquanto ele faz experiências com os seus métodos de descoberta, pode se esgotar o tempo passível de permitir uma cura dos três terríveis flagelos a que se fez alusão. Confiando no poder de Deus, o agente de cura espiritual, no começo de sua carreira, vai tomar a seu cargo toda e qualquer pessoa que ainda respire. Na verdade, presenciei pessoalmente vários casos de tentativas de ressuscitar os mortos. Contudo, mais tarde em sua carreira ele se torna mais cauteloso, exceto se for charlatão e diagnosticar não a doença do paciente, mas a sua credulidade e a sua carteira. É essa recusa do agente de cura espiritual de reconhecer as suas limitações que causa tantos danos, pois a cura espiritual pode ser muito valiosa quando usada na esfera apropriada.

Em segundo lugar, embora haja praticantes da cura espiritual que conseguem resultados positivos em casos adequados, a minha experiência mostra que a maioria das pessoas que vem a mim e diz que deseja dedicar-se à cura espiritual tem duas coisas em comum: uma completa inocência no tocante ao conhecimento científico e uma ignorância igualmente completa dos problemas da vida. Elas se apressam a percorrer caminhos que afugentam os anjos, e num número quase absoluto de casos a classificação que delas faz o poeta é correta: ou são bem intencionadas e embotadas ou são charlatãs mercenárias. As poucas, as bem poucas, que não se enquadram nessas classes, não figuram entre aquelas que anunciam seus serviços em muitos jornalecos baratos que praticam o equivalente espiritual dos esquemas de enriquecimento rápido ou das empresas que vendem gato por lebre.

Não julgo que um agente de cura espiritual possa transformar seus poderes numa profissão, recebendo todos os que aparecerem como se médico fosse. A cura espiritual verdadeira é algo sobremodo profundo, e são bem poucos os casos a que ela pode ser licitamente aplicada; e a escolha desses casos não depende da natureza da doença, mas da condição espiritual do paciente.

É lamentável na minha opinião que se permita que a cura espiritual seja separada da cura física, dado que todo homem doente precisa das duas coisas, ainda que as proporções em que necessita delas varie de caso para caso. O médico ideal é o que une a condição de sacerdote à de clínico; mas são raros os exemplos disso — e o que faremos para cuidar de nossos problemas imediatos que requerem uma solução urgente? A quem vamos confiar o nosso caso nesse infortunado estado de coisas no qual temos de escolher entre um médico que nada sabe de nossa alma ou um agente de cura espiritual que não conhece coisa alguma de nosso corpo? Trata-se costumeiramente de uma difícil escolha, e é com efeito deveras lamentável que a cura espiritual e a física tenham de estar divorciadas dessa maneira, dado que o paciente tem tanto uma mente como um corpo.

Pessoalmente, não creio que elas devam ser divorciadas dessa maneira, nem precisariam elas ser se nenhuma das partes envolvidas fosse fanática e se cada qual se restringisse a agir em sua própria esfera. Afinal, a cura espiritual é do reino do espírito, e nenhum médico interfere nas convicções religiosas de seu paciente; o agente de cura espiritual, por infelicidade, parece pensar que, embora, de acordo com a sua hipótese, não tenha o poder de curar doenças, os remédios materiais têm muito poder de interferir no tratamento que ele usa, bem como de evitar que este funcione. Do mesmo modo, ele não tem escrúpulos em passar do plano no qual tem conhecimento ao plano em que não tem experiência adequada, dirigindo aí o sistema físico.

Parece-me que a atitude mais sábia, até que se chegue ao ideal, consiste em confiar o nosso corpo doente ao homem que dispõe de experiência mais ampla, isto é, o médico qualificado, e suplementar os seus esforços com os cuidados de um agente de cura espiritual, caso julguemos precisar desses cuidados. Nenhum médico razoável se oporia ao que são, estritamente falando, os cuidados da religião, desde que o agente de cura restrinja seus esforços a coisas espirituais e deixe em paz o plano físico, conselho que ele por certo vai receber. Se os seus esforços forem bem-sucedidos, o médico vai relatar esse êxito. No cômputo geral, importa antes que um corpo sofredor tenha alívio e que uma alma sofredora seja tranqüilizada, não o modo de distribuição dos créditos entre praticantes rivais e seus métodos.

Nessa abordagem, é possível aproximar essas duas práticas; mas nenhum médico vai tolerar a interferência de um agente de cura espiritual que se oponha a ele e aconselhe que não se usem os seus remédios e se descartem as suas recomendações. O paciente vai rapidamente deixar de lado os remédios, e tendo o consentimento do médico, tão logo a cura tiver acontecido. É de um lado o fanatismo e, do outro, uma exasperação não injustificável que criam as dificuldades.

Não há dúvida de que muitos dos preconceitos que deploramos tiveram origem nas fases pelas quais passou a medicina no curso de sua história. Na época medieval, quando a Igreja dominava todos os detalhes da sociedade, toda cura era espiritual, dado que recorria quase que exclusivamente à fé e à imaginação, a que se associava a mais completa desconsideração do senso comum. Ambrose Paré, o pai da cirurgia, poderia muito bem dizer: "Costurei as suas feridas e Deus o curou", ou seja, "Deixei-o em paz e dei uma oportunidade à natureza".

Quando a mente médica descartou não só o domínio eclesial como também o prestígio dos antigos, passando a ter como base exclusiva as experiências e as observações, o progresso foi extraordinariamente rápido; e os resultados foram tão positivos, que o fator espiritual se viu completamente sobrepujado e desapareceu do âmbito da medicina. A única pessoa que se lembrava dele era o paciente, e a sua voz era pouco ouvida na idade da razão que testemunhou o desenvolvimento da medicina moderna.

Mas com a chegada da Nova Psicologia [a Psicanálise], o fator mental da personalidade humana foi imposto à atenção do mundo médico, e vem merecendo um reconhecimento cada vez maior. É difícil pegar o número mais recente de qualquer revista médica e não encontrar em alguma de suas páginas uma referência a esse fator, e aqueles que lhe atribuem o maior peso figuram entre os homens mais proeminentes da profissão.

Quanto a isso não há o que objetar, e esse reconhecimento de um fator não-físico na fisiologia é um grande avanço — mas, como logo vão descobrir os seus expoentes, ele não vai suficientemente longe. Há ao lado do fator mental um fator espiritual a ser levado em consideração quando se está diante de seres humanos, e o ponto fraco da psicologia reside no fato de ela não dispor de meios de avaliar esse fator nem de incluí-lo em sua abordagem. A psicanálise pode decompor com grande habilidade a mente, mas não é muito freqüente que consiga remontá-la e fazer que funcione. No meu modo de pensar, trata-se antes de um método de diagnóstico do que um método de tratamento. A única pessoa que consegue em algum momento recompor uma mente é um agente de cura espiritual no verdadeiro sentido da palavra, porque só ele possui algum conhecimento do único princípio sintético da natureza do homem, o princípio espiritual em torno do qual os outros componentes são erigidos, a Centelha Divina que constitui o núcleo de seu ser.

Quando a mente é decomposta, é esse núcleo vital, a base de cada existência individualizada, que é despido; e quando é recomposta, a mente deve ser reconstruída em relação a esse núcleo. Quando nos recordamos, adicionalmente, de que esse núcleo não existe em si nem por si, sendo a sua natureza a de um raio do Sol Central da Vida, vemos que não pode ser adequada nenhuma reconstrução que não leve em conta a relação do núcleo com a sua fonte.

E, de igual forma, se o homem é um ser quádruplo composto de corpo, emoções, mente e espírito, tem ele de habitar um ambiente quádruplo, um ambiente de condições físicas, astrais, arquetípicas e espirituais. Todas essas condições devem ser compreendidas e levadas em consideração por todo aquele que vá curar o homem inteiro. Mas onde vamos encontrar médicos com esse atributo?

Só a ciência esotérica conhece o segredo da situação, porque somente o iniciado tem uma compreensão dos planos da existência e está preparado para abordá-los. É esperar demais que chegue o dia em que a profissão médica como um todo seja um templo de iniciados; os dons que originam o sacerdote-médico iniciado são raros, e há uma vasta quantidade de trabalho pesado a ser assumida por todo homem menos dotado. Porém espero e creio que vá chegar o dia no qual o pensamento humano como um todo, e não somente o das escolas de medicina, vai reconhecer o papel desempenhado pelas emoções e pela imaginação em nossos estados físicos tanto na saúde como na doença; em que todos terão algum conhecimento elementar da higiene do pensamento correto, assim como se ensinam aos escolares idéias simples sobre a higiene do corpo físico; no qual todos vão reconhecer que podemos nos envenenar mutuamente com sugestões prejudiciais, ainda que a intenção não tenha esse teor.

Todo estudante de medicina deveria ser instruído acerca do poder da mente sobre o corpo e treinado para usá-lo em seu trabalho; toda enfermeira de hospital deveria ser treinada na psicologia da sugestão tal como o é na técnica da assepsia até que esta se automatize por completo. E ela não mais deveria pensar em ignorar o papel desempenhado pela imaginação e pelos estados emocionais no bem-estar do paciente, assim como não pensa em usar instrumentos que não foram esterilizados de um dado leito em outro leito.

Isso é o máximo que podemos esperar no domínio da política prática, e é crença minha que esse estado de coisas está mais próximo do que se poderia crer e que esta geração vai testemunhar o estabelecimento dessa atitude pelo menos nos expoentes da profissão.

Afinal, a ciência não é um conhecimento misterioso, mas um método de abordagem de todo tipo de fatos, do cultivo doméstico de legumes à metafísica. A ciência não se baseia no conhecimento, mas no método. É neste ponto que o impostor difere do homem treinado; o impostor pode ter assimilado parcela ponderável do conhecimento do homem treinado, mas carece de método e da mente disciplinada que é a base do método deste. Em conseqüência, o conhecimento do impostor terá sempre caráter conjetural, carente de um princípio básico.

Falando por mim mesma, não confio muito na mente destreinada, do mesmo modo como não me agrada o sonhador sem espírito prático, por maior que seja o seu idealismo. Por conseguinte, nunca tentei pôr em prática o conhecimento de medicina esotérica que adquiri como parte do legado da tradição esotérica ocidental. Da mesma maneira, nunca me dispus a transmitir esse conhecimento aos vários agentes de cura espiritual e mediúnica que num ou noutro momento tiveram contato conosco e pediram essas informações; isso porque já vi demasiados males resultar de seus esforços indisciplinados para ter alguma fé neles. As únicas pessoas que podem usar esse conhecimento de modo correto são os homens e mulheres que já dispõem da necessária base de treinamento científico e de experiência clínica. A terapia do corpo sutil deve ser enxertada no rizoma da terapia do corpo denso, porque, para todos os propósitos práticos, não podem ser apartadas até que a morte os separe permanentemente.

CAPÍTULO 9

Marés e Ciclos de Força

A própria palavra "maré/corrente/ciclos" implica uma ação de enchimento [expansão] e uma ação de esvaziamento [retração] ao longo do tempo, e ao considerar as marés de força, cumpre ter em mente a idéia do encher e do esvaziar, por mais vasta ou diminuta que possa ser essa maré. Também somos instruídos de que, no tocante à evolução, "tudo é cíclico", e que, além dos grandes ciclos do tempo girando em suas órbitas, também eles tendem a se acelerar à medida que se desenvolve a consciência, de modo que somos instados a "pensar espiralmente".

A Doutrina Cósmica nos fornece um sistema que constitui "a metáfora mais aproximada" mediante a qual rastreamos o Cosmos chegando à manifestação ciclo por ciclo e rastreamos o grande zodíaco tomando forma no espaço ilimitado. Esses mesmos princípios de evolução, baseados nas Leis de Polaridade e de Limitação, de Equilíbrio e de Desequilíbrio, se aplicam quando consideramos a criação de nosso Universo e do planeta Terra. Esses amplos ciclos abstratos foram se tornando, ao longo de eras de tempo, por assim dizer solidificados ao se aproximar do escopo de nossa compreensão, e nós, de nosso lado, à medida que a consciência evolui, tentamos apreender com a mente alguma coisa concreta a que nos apegar, mesmo que seja apenas o símbolo de uma realidade, dado que as próprias realidades se acham em sua grande maioria bem além de nossa capacidade mental. Nos ensinamentos orientais sobre Cosmogonia, há um sistema sobremodo complicado de cadeias e círculos planetários, de raças e sub-raças. No Ocidente, porém, embora se conservassem os princípios, o sistema foi simplificado; e a dupla evolução da Força Divina de Deus descendo na matéria, de um lado, e do desenvolvimento da consciência do homem alçando-se à unidade com Deus, do outro, pode ser representada tal como na tabela a seguir:

	Planos			*Raças*
7.	} Espiritual	{	Abstrato	7ª
6.			Concreto	6ª
5.	} Mental	{	Abstrato	5ª (Ariana)
4.			Concreto	4ª (Atlante)
3.	} Astral	{	Superior	3ª
2.			Inferior	2ª
1.	Físico			1ª

Essa tabela pode transmitir alguma impressão sobre os ciclos da evolução humana Raça por Raça. Na 4ª Raça ou Raça Atlante, por exemplo, a *mente* da humanidade começou a se desenvolver; o homem primitivo desse período foi instruído pelos Manus de evoluções passadas; e na 5ª Raça, a Raça Ariana, a atual, temos de aprender a desenvolver os poderes da mente abstrata — entrar em contato com a nossa natureza superior. Ensina-se ainda que o ciclo fez giro ao redor de sua órbita, de modo que agora estamos tocando os contatos atlantes num arco superior. O trabalho da 5ª Raça, não obstante, está longe de ser concluído, e ainda se passará muito tempo até que o homem comum possa funcionar livremente nos planos do Espírito. Fala-se muito da 6ª Raça, mas trata-se de pronunciamentos prematuros.

Consideremos o ciclo do Zodíaco de nosso Universo. Um giro ao redor de sua órbita, que recebe o nome de precessão dos Equinócios. Dura, ao que se diz, 26.800 anos, ou mais ou menos 2.200 anos por signo — e temos mais uma vez de pensar espiralmente. No momento presente, aproximamo-nos da conclusão da Era de Peixes, que data da época da encarnação de Nosso Senhor. Já há indícios da Era de Aquário, porque os estados de evolução que esses símbolos representam exibem um grande grau de sobreposição. Cada Casa do Zodíaco também representa um tipo particular de desenvolvimento, a depender do caráter do signo — Fogo, Água, Ar ou Terra. Na Era de Peixes, por exemplo, temos um signo da Água correspondente ao desenvolvimento emocional — diz-se que a religião cristã é uma religião da "Água", os seus membros são admitidos por meio do batismo e a sua missão é o Amor. A Era de Aquário vai se especializar no desenvolvimento da mente superior com base no Amor, porque Aquário é um signo do "Ar" e o Ar corresponde à mente. Do mesmo modo, a religião zoroastriana tinha relação com o Fogo e com a purificação pelo fogo, tal como a religião confuciana está relacionada com a Terra.

Como algumas estações da "Árvore da Vida" cabalística também se referem aos Elementos, é interessante observar como o Zodíaco pode se enquadrar na "Árvore". Teremos agora de adaptar o princípio do Zodíaco a um ciclo anual que se divide nos dois Equinócios no pilar central do Equilíbrio e nos dois Solstícios, quando o Sol está mais longe do Equador. O ciclo divide-se então em quatro quadrantes, ou em duas marés vazantes e em duas marés enchentes.

Sabemos que o Sol se refere a Tiferet (nº 6), a Lua a Yesod (9), as Forças Naturais da Terra a Netzach (7) e a Água a Hod (8).

Os Grandes Arcanjos, ou Regentes dos Quadrantes, também são atribuídos à Árvore da seguinte maneira: Rafael ao Leste (6), Gabriel ao Oeste (9), Miguel ao Sul (8) e Uriel [Ariel] ao Norte (7).

O Sol (6) entra em Áries, um signo do Fogo, no Equinócio de Primavera, numa maré enchente, e a maré muda no Solstício de Verão (8) num signo da Água, Câncer. O Sol entra em Libra, um signo do Ar, no Equinócio de Outono (9), entrando em maré vazante no Solstício de Inverno (7), com Capricórnio, um signo da Terra.

O próprio Zodíaco é um sistema deveras antigo que se vincula com as marés cósmicas e com a enchente e retorno destas, mas os planetas se acham ligados com estados de consciência. O Sol, por exemplo, simboliza o Eu Superior e a Lua se refere mais à Personalidade e à natureza etérea da Terra, mas, como se vai perceber, todos os estados de consciência sofrem a influência das marés cósmicas, dado que os Ciclos do Cosmos formam o pano de fundo de toda manifestação.

Ensinam-nos ainda que não pode haver manifestação sem dualidade, e é-nos dado ver que a dualidade advém da Lei dos Opostos. O Fogo (6) e o Ar (9) trabalham juntos; a Água (8) e a Terra (7) são necessários um ao outro. Os dois pilares exteriores da "Árvore" representam forças polarizadoras. A enchente e a vazante das marés de Verão encontram seus opostos fundamentais nas duas marés de Inverno. O calor e o frio, a luz e a escuridão, a forma e potência, o espírito e a matéria — tudo isso é rítmico e cíclico.

O Solstício de Verão é essencialmente um festival da Natureza, sobretudo para quem cultua o Sol, e o seu oposto — o Solstício de Inverno ou Época Natalina [de 24 de dezembro, véspera de Natal, a 5 de janeiro, véspera da Epifania] — é um festival de cunho preponderantemente humano, pouco importando a crença religiosa, ao passo que os Equinócios têm hoje muito mais um caráter de festival da Igreja, especialmente no caso da Páscoa, que se baseia em tradições cujas raízes vêm do conhecimento das marés cósmicas. Na verdade, é sobremodo interessante observar que a orientação dos Primeiros Padres da Igreja quanto ao planejamento do ano eclesiástico tinha base astrológica e cósmica.

Em termos gerais, o ciclo eclesiástico começa logo depois do Equinócio de Outono, passando pelo Advento e pela escura estação invernal; temos então a purificação da Quaresma e a grande ascensão de toda a Natureza na Páscoa, o que chega à plena enchente na Ascensão e no Pentecostes; depois ocorre o descenso durante o longo período chamado "pós-trinitário", quando se estabilizam as experiências da alma. Os Dias de Cinzas [início da Quaresma]; eles recebem esse nome [em inglês: *ember*] a partir de antiga palavra saxã que significa "circuito", havendo três desses dias antes de cada Equinócio e de cada Solstício respectivo.

Voltando outra vez ao Zodíaco na "Árvore", examinemos a natureza das marés da perspectiva dos Elementos envolvidos em cada quadrante [ou trimestre, período de cada estação do ano], lembrando que o Fogo simboliza o espírito; o Ar, a mente; a Água, as emoções; e a Terra, a estabilidade. A partir do Outono (9), quando o Sol entra em Libra (Ar), tem-se o período favorável ao trabalho mental, sendo por isso que tantos novos empreendimentos são iniciados nessa época, e a Igreja fixou esse período como o seu Ano Novo — o Advento. Do Solstício de Inverno à Primavera, tem-se o período favorável à purificação que inclui a Quaresma, e temos Aquário, o Aguadeiro, e Peixes, um signo da Água. Da Primavera ao Verão, temos a época em que o Sol vai acumulando força — o Sol entra em Áries, um signo do Fogo, e o período é favorável à iluminação espiritual, incluindo-se nele os grandes Festivais da Páscoa, da Ascensão e do Pentecostes. E do Verão ao Outono, colhemos os frutos da terra e em geral tiramos férias, antes do início de outro ciclo — eis-nos novamente pensando em termos de espiral.

Os Raios não são cíclicos em sentido estrito, representando antes os tipos de consciência simbolizados pelos signos dos planetas. Os Sete Raios são aspectos especializados do Cristo Branco, que existiu "antes de todos os mundos" e, embora todos estejam em manifestação enquanto conjunto, alguns deles podem predominar sobre os outros à medida que se desenvolve um dado tipo de consciência. O Raio Violeta Cristão, por exemplo, predomina no Oeste, e a túnica Laranja do Buda, no Leste. Em termos amplos, podemos conceber os Raios como manifestações sucessivas dos arcos de involução e de evolução. O Cristo Cósmico é um aspecto evolutivo de Deus, e o Homem é um aspecto evolutivo de Cristo, tendo de vivenciar no momento certo toda a plenitude da vida.

A extremidade vermelha do espectro vincula-se com o desenvolvimento do indivíduo, e a extremidade violeta, com as Mentes Grupais. O Raio Verde é o enlace de conexão — o nadir —, tendo afinidades tanto com o passado, como com o presente e o futuro. É o Raio da Beleza. O Azul é o Raio Hermético, tendo as suas raízes no Egito e na Caldéia; é o Raio do Mágico. O Índigo é o Raio Gnóstico da mente abstrata, assim como da filosofia e da ciência, e o Púrpura é o Raio da Devoção — da cura — do Senhor Jesus.

Temos de considerar o homem como estando sob a influência de ao menos três Raios, dado ser o homem um triângulo formado por emoção, mente e espírito, e temos de tentar rastrear o relacionamento de um Raio com outro; por exemplo, o Raio Celta Verde está conectado com o Raio Púrpura por meio de santos celtas como Santa Colomba e Santa Brígida, e com o Raio Hermético através do Mago Merlin e das lendas do Santo Graal. O Raio Índigo liga-se ao Raio Púrpura por intermédio de especulações no domínio do simbolismo, e boa parte do que hoje se acha oculto sob as sombras será trazido à luz pela ação conjunta da ciência e da religião.

O Mago é um Sacerdote dos Elementos. Ele trabalha com os poderes dos Elementos e Forças Naturais, sendo consideravelmente afetado pela mudança das marés. Mas o Senhor do Raio Violeta, sob cuja égide todos os Mestres da tradição ocidental servem neste plano da evolução, é também Senhor dos Elementos, tendo o poder de comandar as ondas e tormentas, como o registra o Novo Testamento; e na qualidade de Sacerdote do Altíssimo, é bem menos influenciado pelas marés. Enquanto o Mago entra em contato com as Forças Elementais por meio dos Grandes Regentes destas, o cristão comum o fará através da Mente Grupal de sua religião e do Senhor Jesus.

Para além dos sete Raios do espectro, e a fim de completar o seu ciclo, há os três Raios Sombrios da Destruição ou da desintegração, nos quais a consciência do planeta passa pela purificação e pela regeneração através da ação das Forças das Trevas. Não se trata de Forças do Mal, mas antes de Espírito puro. Quando Deus disse "Que exista a luz!', das trevas advieram, ciclo por ciclo, a percepção espiritual, a iluminação mental, a glória astral e o raio de sol da Terra; e quando cai o crepúsculo, temos de nos preparar para um período de descanso evolutivo e de revigoramento antes de começar outro "Dia de Brahma".

Consideremos agora a maneira pela qual podemos usar essas marés em nosso máximo proveito, e vamos tentar agrupá-las, para esse fim, numa seqüência organizada.

Há certas marés, conhecidas como Tattvas, que se referem aos Elementos e que mudam de aspecto a cada 20 minutos. Mas a sua influência é tão diminuta que elas pouco afetam o homem comum. Porém são valiosas para o Mago.

O dia, naturalmente, é uma maré familiar, e quanto mais rítmico for o nosso dia, tanto mais livre será a consciência, porque a força do hábito torna subconscientes muitas de nossas ações. Eis um importante ponto para as pessoas de natureza contemplativa desejosas de entrar em contato com os reinos superiores, furtando-se às distrações e preocupações da vida cotidiana.

A semana é um ciclo de sete dias. E é atribuída a cada dia uma força planetária especial:

DOMINGO	Sol
SEGUNDA	Lua
TERÇA	Marte
QUARTA	Mercúrio
QUINTA	Júpiter (Thor)
SEXTA	Vênus
SÁBADO	Saturno

O domingo é portanto, primordialmente, um dia de regeneração espiritual, e a segunda-feira nos leva à próxima maré.

O mês é uma maré da lua, porque, enquanto o sol se refere ao Eu Superior, a lua se refere à Personalidade e ao aspecto etérico da Terra. As influências da lua nova diferem das influências da lua cheia, e as que implicam aumento se distinguem das que implicam diminuição. Em termos gerais, a lua em ascensão e cheia é a mais positiva para o trabalho construtivo, e a lua minguante o é para a destruição. O Mago tem especial cautela com essas forças.

A Maré Trimestral [dos Quadrantes], que vai do Equinócio ao Solstício, tem uma influência definida toda sua e se acha sob a égide de seu próprio Regente Elemental, dado que cada Trimestre [Quadrante] é, como se viu, atribuído a um Elemento.

A Maré do Meio Ano [Semestre] do Equinócio ao Equinócio, é muito importante do ponto de vista ocultista, dado que é costumeiro constatar que causas desencadeadas nos planos interiores num dado Equinócio percorrem todo o ciclo de seis meses antes de se fazer sentir no plano físico; e se nos dermos conta disso, vamos nos contentar em praticar a paciência até que se tenham passado seis meses.

O ano é a seqüência completa dos Signos Astrológicos, cada qual com a sua influência distintiva. Os signos são igualmente reunidos nas quatro estações, que têm as suas triplicidades. Temos consciência da ascensão e da queda da Natureza a cada ano, tal como a temos da repetição do dia de nosso aniversário — e nos adaptamos adequadamente a isso. Já observamos que o ano eclesiástico foi adaptado dos antigos princípios astrológicos e dos Elementais.

Como o ano se divide em trimestres [quadrantes], pode-se dividir um século de acordo com esse mesmo critério, e, como se pode ver, tal como acontece com o ano, a primeira quarta parte de um século é a mais difícil. Algumas de nossas piores guerras ocorreram nesse período. Pode-se perceber uma correspondência definida no tocante a esses assuntos, dado que o mesmo princípio está envolvido e dado que a variação depende do nível de consciência — individual, grupal, nacional, internacional, astral, mental, etc.

A precessão dos Equinócios é um período bem mais vasto. E uma sucessão de Raças, como a Ariana ou a Atlante, é ainda mais vasta, estendendo-se na verdade para bem além do alcance da história registrada. E devemos aos nossos cientistas boa parcela da luz lançada sobre essa questão pelo seu trabalho de pesquisa.

Grande parte das informações aqui apresentadas teve por base ensinamentos recebidos de Adeptos dos planos interiores que nos dizem que podem cooperar com os Senhores do Karma e aproveitar as condições planetárias e zodiacais para organizar as circunstâncias daqueles que desejam se pôr a serviço deles depois de terem alcançado um certo estádio de desapego.

CAPÍTULO 10

A Morte de Vivien Le Fay Morgan

Este fragmento, recebido mediunicamente depois da morte de Dion Fortune, é um epílogo de A Sacerdotisa da Lua.

Eu sou o mesmo ser que dominou Dion Fortune quando ela escreveu *A Sacerdotisa do Mar* e *A Sacerdotisa da Lua*. Sou caracterizado com acerto como "Morgana" ou como a "Fada Lilith" nesses livros, e fui conhecida por muitos nomes entre os antigos, mas hoje sou mais bem descrita como uma *persona* ou corpo mágico. Sou a figura que tem ficado nos bastidores da evolução da autora ao longo das épocas.

Ao se aproximar o momento em que devia morrer, atraí para mim substâncias dos vários planos para que se pudessem preparar as condições ocultas para mim, assim como para me permitir deixar o corpo com facilidade e bem-estar. Eu vinha sofrendo um enfraquecimento físico há algum tempo e, percebendo que era chamada a partir, esperei despreocupadamente.

Tomei providências para ver pessoas apenas em determinados momentos e isso também foi aos poucos cessando. Quando o meu fiel portador Meatyard faleceu, entreguei a administração da casa à minha amiga Anita Warburn. Trata-se da mulher que trabalhou mediunicamente comigo na construção do Templo descrito em *A Sacerdotisa da Lua*. Com a aproximação do momento de minha partida, Anita alojou-se no andar superior e eu me retirei para o Templo, na parte mais alta da casa, dado que eu decidira "apagar" ali jazendo nos *pastos*.

Entrementes, despedi-me de meu sacerdote e companheiro Malcolm uma semana antes, mas, como era igualmente o meu conselheiro médico, ele foi encarregado de tomar as necessárias providências práticas depois de minha partida, de modo que se cuidasse do cadáver de acordo com os costumes da época e do país.

Eu desejava "apagar" tal como nós do sacerdotado o fazíamos antigamente, quando o ritual da desencarnação se desenrola por etapas, permitindo assim que o veiculo etéreo se dispersasse com rapidez e facilidade, ao mesmo tempo que os outros princípios eram levados de imediato para a Antecâmara de Espera.

Temos de nos alçar à condição de Adeptos avançados por meio de graus lentos e precisos. Nesta encarnação, eu trabalhara primeiro com o mar e depois com a lua — a reguladora do mar. Agora, no final, trabalhei de modo retrospectivo através dos estádios de minha vida presente, dando-me conta da gama de força atraída das condições contemporâneas, bem como de outras encarnações pelas quais passei em minha Jornada Eterna.

O meu corpo ficou em coma durante os três dias dessa recapitulação. Meus sentidos foram então recuperados e eu fiquei sabendo que Anita consultara Malcolm em particular e que os dois pensavam que na última hora eu iria me recuperar. Eu, porém, sabia que aquelas fases de consciência eram as preliminares da morte.

Foi então que vi o Sacerdote da Lua e percebi que eu, que sempre fora obrigada a trabalhar por minha própria iniciativa, seria agora informada das coisas que estavam à minha espera. O Sacerdote da Lua impôs sua mão ao grande *chakra* da coroa da cabeça.

— Você já fez uma avaliação suficiente de sua situação? — disse ele. — Você trouxe de volta a este mundo uma certa força que visava ajudar a atual onda de evolução. Você se sente satisfeita com o fato de esse trabalho ter sido levado a termo?

— Fiz tudo o que pude com os instrumentos disponíveis e ensinei tudo o que pude aos que trabalharam comigo — repliquei.

— Se você está satisfeita, não há o que opor — veio a resposta. — Mas reflita bem sobre a questão.

E eis que uma terrível dúvida se assenhoreou de minha mente, porque percebi que ainda havia alguns ensinamentos a transmitir e que eu não tinha um sucessor treinado — o que constitui uma condição *sine qua non* em cargos ocultistas. No trabalho de Ísis, esse sucessor tem de ser uma mulher. Eu não tinha interesse por mulheres, dado que o meu trabalho estava voltado para os homens. Os meus ensinamentos mais profundos também tinham sido transmitidos a homens — a Wilfred e a Malcolm —, e eu deixara fólios de documentos em quantidade suficiente para fundar uma escola. O que mais havia a fazer?

A mulher mais adequada aos meus propósitos parecia ser Anita, porque ela conhecia os meus métodos e dispunha de grande parcela de poder individual, bem como energia e ambição, mas eu não podia confiar em sua inteligência a não ser que Malcolm e ela pudessem unir forças. E de súbito uma forte luz prateada fluiu no cômodo e eu me dei conta de que a própria Ísis se encarregaria da questão até que o tempo de ajuste chegasse ao fim. Mas havia hesitações em meu coração, porque o karma de Anita não era igual ao meu, e a sua inclinação natural no fim iria prevalecer. Chamei o Sacerdote da Lua e pedi seu conselho. Ele me fez passar pela névoa que se formara ao redor do divã:

— Você fracassou em parte, porque desprezou uma máxima esotérica, e por isso haverá uma punição. Mas como foi de modo geral bom, o trabalho não vai desaparecer, mas, depois de um aparente fracasso, vai voltar à vida de outra maneira. Logo, escolha a melhor pessoa que conhece para dar continuidade ao trabalho de Ísis e, por meio dela, faça tudo o que puder para levá-lo a termo; mas depois disso você terá de passar por outra morte fora da terra, e então o seu trabalho vai entrar em outra etapa. Tente preparar-se também para ela. Adeus.

Fiquei desesperada. O treinamento retardado de Anita tinha de começar, percebi, tão logo eu tivesse passado pela Antecâmara de Espera e entrasse em outro plano de existência. E, passado algum tempo, sobreviriam problemas. Foi isso o que me disse a minha intuição. Qual era a próxima fase de meu trabalho? Ele iria por certo envolver o renascimento, mas eu sentia que o Sacerdote da Lua também se referira a outra condição antes disso, bem como um período intermediário. Eu desencadeara a tormenta e tinha de alguma maneira de dominá-la. Eu sabia, com a profunda clarividência que precede a morte, que havia três grandes ligações com a Deusa acerca das quais eu tinha de chegar a uma conclusão antes de partir: Anita, em quem eu pensava na maior parte do tempo; Mollie, a mulher de Wilfred, com quem eu deixara meu colar e algumas instruções antes de desistir do Forte. Estas tinham sido postas a cargo de meus banqueiros para ser entregues a Wilfred mais tarde. Mollie, que tivera bem poucas oportunidades nesta vida por causa de um karma estranhamente rigoroso, trazia em si as condições de uma Suma Sacerdotisa, e mais tarde seria tarefa minha treiná-la — mas isso ainda iria demorar muito. Qual era a terceira ligação? Quando me recordei, a minha mente, que parecia estar mergulhando em obscuridade, pareceu se desanuviar miraculosamente. Toquei o sino, e quando Anita entrou, falei:

— Faça-me o favor de pedir ao doutor Malcolm que mande chamar a senhora Rees. Trata-se de uma velha amiga com quem briguei. Mas ele a conhece, e se disser que o assunto é urgente, creio que ela virá.

Quando Anita saiu, deitei-me outra vez, sabendo que era hora de entrar no quarto dia. O quinto dia depois das ordens seria o último. Se a pessoa partir pacificamente no momento apropriado, haverá um período de cinco dias reservado aos processos finais — processos de que o médico comum praticamente nada sabe; na verdade, ele pode até esperar por uma recuperação miraculosa em alguns casos. Hoje, não tendo nada mais para fazer até que a minha velha amiga viesse (porque eu *sabia* que ela viria), deixei que a minha intuição se ocupasse dos dois sacerdotes que eu treinara para Ísis:

Malcolm e Wilfred. Os dois eram parte de meu trabalho e podiam por sua vez treinar outros da mesma maneira. Mas para completar o meu trabalho, eu precisava enxertá-lo nas forças solares, porque as forças patriarcais e matriarcais devem ser íntegras e indivisas. A minha tarefa especial tinha sido acentuar os antigos poderes da lua para a cura de males sociais do momento presente a fim de que o trabalho espiritual mais profundo pudesse transcorrer sem obstáculos na próxima era. Era dessa síntese que careciam as escolas ocultistas modernas, que ou usavam Ísis a serviço da Magia Negra ou enfatizavam em demasia Osíris, rompendo o Matrimônio Eterno do Casal Divino. Eu já dispunha de muitos escritos privados sobre a magia do sol, mas ainda não era o momento certo de esses ensinamentos virem à luz, e eu não podia treinar um sacerdote do sol, porque ele é escolhido a partir de uma certa linhagem de Sucessão Solar e "toma posse" por ter prerrogativas.

O Templo Secreto de Atlântida conhecia o culto do mar e do sol, e as Sumas Sacerdotisas de Atlântida eram treinadas por ele. O meu trabalho devia ter deixado o núcleo para que o trabalho do antigo Templo Secreto tivesse mais uma vez continuidade na época moderna. O sacerdócio do sol devia retomar o trabalho no ponto em que eu o deixara, e eu não podia fazer nada além de deixar a questão a cargo dos Chefes Interiores quando chegasse a hora, e esta era depois de minha partida. Mas flutuou diante de meus olhos fechados o rosto de um paciente de Malcolm que eu conhecera, uma pessoa que, embora tivesse sido ajudada por mim, mostrara uma curiosa iluminação independente que não vinha de minhas fontes. Seu nome era George Brendan, e enquanto escrevia meu relato da magia do sol, que figura entre os meus papéis secretos, eu pensava constantemente em Brendan. Mas isso é outra história, e quem tiver interesse suficiente poderá ler tudo sobre a magia do sol quando e se os meus testamenteiros decidirem por sua publicação.

Devo ter ficado cismando sobre todas essas coisas durante todo um dia. Todo o sentido do tempo desaparece na morte e no transe. Tive a impressão de dormir durante um curto período de tempo, e então Anita fez entrar Lena Rees, deixando-a ao meu lado depois de ter aproximado uma cadeira do leito.

Eu não via Lena há muito tempo, e tenho agora de falar a seu respeito. Recordamo-nos de que falei de ter recebido a minha iniciação na Rue de Mozart, em Paris. Lena era uma das autoridades presentes àquela fortaleza secreta, e era na verdade aquilo que os orientais chamam de (meu) *guru*, isto é, meu guia ou supervisor em questões espirituais. Lena era na verdade um daqueles raros seres capazes de se mostrar como um cidadão bem-sucedido do mundo — uma mulher encantadora, muito inteligente e que se vestia com muita elegância do ponto de vista do homem comum — mas, do ponto de vista do iniciado, um dos maiores ocultistas. Ela fizera parte do Sumo Sacerdócio de Atlântida quando eu era uma das Virgens do Templo. Mais tarde, fora parte do grande Sacerdócio de Astarte, a forma síria de Ísis. Ela me ensinara muita coisa, e eu lhe era verdadeiramente grata por isso, mas tivéramos uma discordância acerca de um assunto com respeito ao qual eu julgava ter razão e achava que ela estava errada. Não conseguimos chegar a um acordo, e como tinha havido entre nós o relacionamento profundo de mestre com pupilo esotéricos, a divergência só podia terminar com a total separação. Lena fora a única mulher por quem eu tivera um afeto duradouro, além de um imenso respeito. Ela era uma "velha-jovem" como eu, mas não tão alta, e usava, como sempre, um vestido da última moda parisiense, no preto suave que preferia. Ela não gostava de cores, ao contrário de mim, e só usava túnicas em rituais. Mas era capaz de evocar a atmosfera do templo num quarto de vestir, principalmente quando falava. Sua voz era como uma vibração de água ouvida à distância, porque ela era do culto do mar e das estrelas, não da própria Lua, ao contrário de mim. Quando entrou, Lena fez uma saudação ao Símbolo Lunar que fica acima de meu leito. E nós fizemos o sinal de mão secreto por meio do qual os membros do Sumo Sacerdócio se reconhecem uns aos outros.

— Eu sabia que você viria — eu disse.

— Eu sabia que você iria me pedir para vir — ela replicou —, porque chegou a hora de sua partida, dado que o seu trabalho neste nível chegou ao fim.

— Lena — falei —, a dificuldade é que fiz o meu trabalho apenas até um certo ponto, mas deixei muita coisa por fazer. Não "uni as pontas" nem preparei um sucessor. Tudo o que me resta é completar o trabalho por meio da pressão mediúnica sobre outras pessoas depois de me retirar.

— Quando comecei a treiná-la — respondeu ela —, eu tinha certeza de que havia em você algo que a faria ser levada pelo próprio poder. Não podemos passar sem o poder, mas este tem de estar aliado com o Amor ou com a Sabedoria.

— Com Sabedoria certamente — repliquei. — Não usávamos o Amor em Atlântida na acepção que lhe é atribuída pelo sentimento moderno.

— Minha cara, você tem todo o horror ao sentimentalismo do tipo movido pelo poder. Esquece-se de que o próprio poder pode ser uma forma de sentimentalismo e de que alguns dos mais cruéis homens e mulheres da história foram os mais sentimentais.

Concordei que o que ela dissera era verdadeiro, mas senti uma corrente de ar acima da cabeça e percebi que tínhamos de tratar do verdadeiro motivo da visita. Perguntei a Lena se ela estava preparada para me ajudar a passar pela Barreira, como se costumava fazer nos tempos antigos, para que eu não me demorasse na Ante-Sala e entrasse logo no Salão do Julgamento. Ocorreu um afrouxamento na Rede Etérica e o longo cabo tênue que liga o veículo sutil ao corpo começou a se agitar e a se esticar quase como uma cobra se desenrodilhando.

Lena se inclinou para a frente.

— Você se lembra do Ritual do Nascimento? — disse ela. — Pois acho que é preciso começar agora mesmo.

Repliquei:

— Lembro-me dele o bastante para dar as respostas corretas, se você se encarregar dos preparativos físicos. Você vai encontrar símbolos e lamparinas no armário lá fora, e túnicas na saleta adiante. É estranho que você, que me ensinou pela primeira vez esses ritos, deva, depois de uma longa ausência, voltar para se unir a mim nos rituais finais.

Lena se levantou e se aproximou da cabeceira. Inclinou-se para me beijar.

— Dou-lhe adeus de amiga para amiga — disse ela.
— Não devo demorar muito para afastar a matéria densa. Quando tudo acabar, chamarei Anita e Malcolm para que tomem todas as providências mundanas que você, pelo que sei, já combinou com eles. Devo agora pôr a túnica e preparar o quarto como fazíamos em Atlântida. Você encerrou sua relação com o mundo e com a fala cotidiana, porque nossas últimas palavras serão proferidas na linguagem dos Mistérios.

Refleti sobre como a cena iria parecer estranha e aterrorizante aos olhos da pessoa comum. Eu tinha total lucidez, mas sentia o corpo se enfraquecer e se desapegar a cada minuto, como uma pele prestes a cair. Em Atlântida, fazíamos um cerimonial da jornada da morte que preparava a pessoa para o caminho. Os católicos apresentam algo que reflete a mesma idéia em seus últimos ritos. Mas naqueles dias longínquos, dávamos-lhe o nome de Ritual do Nascimento, e quando eu era uma Neófita em Paris nesta vida, éramos obrigados a aprender e a estudar os fragmentos do procedimento secreto transmitidos no decorrer dos séculos.

Lena voltou com uma túnica branca com bordados dourados; trazia na cabeça uma touca ritual egípcia (*nemyss*) com listras douradas e pretas. Ela depôs duas altas velas cerimoniais, uma de cada lado da cama, e apagou a tênue lâmpada elétrica. Havia atrás de mim uma mesa que se projetava um pouco acima de minha cabeça, e Lena acendeu ali uma vela flutuante numa tigela azul que emitia uma luz que lembrava a púrpura sobre as sombras que se aprofundavam. Ela pôs incenso aromático para queimar num braseiro de prata na extremidade oposta do quarto. Então, aproximou-se de mim e disse:

— Vim preparar você para o caminho a percorrer.

E pôs o meu capuz prateado, que traz o símbolo da lua, na minha cabeça. Esticou sobre a cama a minha túnica de veludo preto. As altas velas foram acesas e ficaram, qual pilares, ao meu redor. E Lena desenhou os grandes selos nas quatro paredes, dizendo as palavras que invocavam proteção e ajuda.

E o tempo inteiro o meu corpo mergulhava mais profundamente no estado de coma e a minha mente ardia como uma lâmpada flamejante.

Lena deu a volta e sentou-se ao pé do leito, olhando de frente para mim. Levantou a mão em saudação. O antigo ritual começou.

— Contempla as formas da Deusa no Oriente — disse Lena.

— Entrego-me às mãos dela — respondi.

— As inundações elevam a Barca de tua partida — disse ela.

— Sopra minha alma pelo Rio de Naradek — disse eu.

— Põe as tuas mortalhas em minhas mãos — replicou Lena.

— Eis que dispo as mortalhas da vida e as ponho em tuas mãos — murmurei.

Lena se levantou e afastou as mãos, mantendo-as no ar, como uma estátua de Néftis do Egito, e, fazendo gestos na direção dos quatro cantos do universo, disse:

— Lanço as tuas mortalhas aos ventos e águas. Lanço as tuas mortalhas às chamas e à terra. — E voltou a se sentar.

E eis que uma grande força se agitou atrás de mim no Leste e eu comecei a elevar toda a extensão do meu corpo na direção da forma sombria da Deusa que estava de pé ali. Uma película de luar se espalhou por toda a atmosfera e a minha Rede Etérica pareceu ser arrancada de mim e se dispersar na direção dos quatro pontos cardeais.

Uma vasta corrente pareceu se elevar sob mim como se eu estivesse sendo carregada numa barca por uma corrente acelerada no sentido Oeste.

As palavras de Lena continuaram com estas frases antigas e sempre familiares:

— "Hélio, Hélio, brilha sobre ela,
Leva-a para a Luz, para a Vida e para o Amor..."

Observei de uma maneira difusa por trás dos meus olhos, porque eles estavam deixando de funcionar. O sentido do olfato também se reduziu muito e o incenso parecia ter queimado por inteiro. Mas um sentido supremo — que não é do corpo — me mostrou que eu estava numa condição bem instável ligeiramente afastada da forma imóvel no leito e que a fumaça do braseiro de prata ainda se elevava em nuvens, com ocasionais centelhas saltando na escuridão.

Lena fazia curiosos movimentos manuais, como se estivesse desfazendo madeixas. Ela cantou:

— Eis que desfaço as vestes que Tu que estás no Oriente teceste: Tua sacerdotisa passa às tuas mãos, ó minha Irmã. Ela enverga as vestes do poder. Ela brilha no interior de tua forma. Tua sacerdotisa nasceu de Ti, ó Mãe. Secciona a Corda Prateada do Nascimento.

E então houve um curioso puxão e o tênue fio etérico que há entre a alma e o corpo foi cortado. Adentrei os planos interiores e pareci estar por um instante com um grande brilho no interior do corpo de Ísis — porque este é o Nascimento superior.

Lena me via, pois tinha grandes dotes mediúnicos. Ela se levantou e permaneceu de pé elevando as mãos ao símbolo da lua. Então, parou e fechou os olhos do corpo que jazia no leito, fez os selos dos Filhos de Horo e deixou o quarto em silêncio.

Eu sabia que ela fora dizer a Anita para chamar Malcolm. Eu estava livre. O poderoso ritual dispersara o etérico de uma só vez, em lugar de fazê-lo, como era comum, pairar por três dias na atmosfera dos ritos funerários. O Sacerdote da Lua veio ao meu encontro:

— Venha agora ao lugar da espera — disse ele —, e depois você vai descansar um pouco até recuperar plenamente as forças.

— E depois? — disse eu.

— Depois você vai para a Câmara de Osíris, seu coração será pesado na balança e você vai se ajoelhar diante do gancho e do mangual, e Ísis e Néftis estarão atrás de você; e Anúbis vai guiá-la e você saberá que cada um desses grandes símbolos é uma parte de seu próprio ser, e você será seu próprio juiz.

— Há aqueles que fogem ao Julgamento e aqueles que se atrevem a conhecer o veredito de Deus, que fala em seu próprio espírito. Em que categoria está você?

E eu respondi:

— Quero saber o veredito e, se puder, dar continuidade a tarefas que deixei incompletas.

— Você saberá disso mais tarde — ele replicou.

Então, mergulhei num profundo descanso — um sono dentro de um sono...

(Uma linha grossa e funda parecia agora traçada de um lado para o outro do papel.)

PÓS-ESCRITO

O Mito da Távola Redonda

Quer Artur de Avalon tenha, nos sombrios bastidores da história, ido à guerra sob o Dragão Vermelho, ou tenham sido ele e todos os seus cavaleiros "a matéria de que são feitos os sonhos", as lendas da Távola Redonda têm mesmo assim validade para a vida interior que a psicologia moderna revela aplicar-se a todos os sonhos, seja à nossa vida onírica individual ou à das raças, que é o mito e a lenda.

As histórias de Artur, Alfredo e Robin Hood são as nossas [dos ingleses] verdadeiras sagas nativas, lamentavelmente insignificantes se comparadas com o Rig-Veda e com os graciosos deuses gregos, mas, sendo nossas, dotadas de uma validade ímpar para nós, faz que o nosso coração arda em nosso íntimo, sem que saibamos por quê; e, na fantasia, cavalgamos com Galahad em busca do Graal ou imaginamos estranhas histórias com Merlin.

No caso de Alfredo e de Robin Hood, há um certo núcleo que vai da história para a lenda, e pode ser que isso se aplique também a Artur; mas não é a historicidade delas que lhes confere valor, mas a sua qualidade como mitos e lendas, que são os sonhos despertos da raça, revelando o anseio desta por uma beleza e por uma nobreza de vida que não são as da vida cotidiana. Como todos os sonhos, os mitos das raças revelam a mente interior; e quando encontramos a alma do sonho desperto da raça inglesa, de grande nobreza cavalheiresca e de buscas místicas, descobrimos que há uma capacidade de reagir a um ideal romântico e um poder de sonhar com uma beleza ideal mesmo entre os sombrios moinhos satânicos da Idade das Máquinas.

Porque o homem não pode viver só de pão, estando a beleza e o romance entre os alimentos de que precisa a alma para manter-se saudável. Sabemos que, sem certos alimentos, o corpo adoece e se deforma, e assim sucede com a alma. Ela não pode manter a saúde se alimentada só de conhecimento e deveres, assim como o corpo não pode viver de pão e água apenas; e como frutos frescos para marinheiros vitimados pelo escorbuto são as histórias das Buscas dos cavaleiros de Artur para aqueles que estão nas trevas da Idade da Razão.

Essas histórias nos causam espécie porque são verdadeiras, não com a verdade da história, que pouco importa para os nossos propósitos, mas porque são validadas por uma verdade interior. Elas são verdades da alma; porque trazemos em nós o desejo de um bem tão grande como o chamado da busca cavalheiresca; a procura da beleza perfeita para amar e reverenciar e ter um rei ungido para seguir e servir.

A resposta ao chamado do serviço é muito forte hoje; por todo o território, há organizações cujo número lembra a areia do mar, não se deixando nenhuma necessidade humana sem contemplar. Mas falta a todas aquele excelso espírito da busca que fez que os cavaleiros de Artur percorressem a terra do mal; há pouco espaço hoje para o sonho desperto da beleza elevada nas eficientes instituições de caridade do mundo moderno — e talvez isso explique por que a frieza da caridade é proverbial.

A multiplicação de esquemas para realizar bons empreendimentos serve a poucos propósitos úteis, dado que o terreno está completamente coberto por organizações cujas atividades já se sobrepõem. Porém infundir ao trabalho de serviço o elevado ideal de uma busca é uma tarefa à mão, e tarefa que clama para ser realizada.

No ideal da Távola Redonda, temos uma visão que podemos trazer à vida, que pode ser potencializada como fonte de inspiração. Há muitos mistérios da vida espiritual que são bem pouco compreendidos pela Inglaterra protestante; os budistas os conhecem; as ordens católicas enclausuradas também os conhecem, e eles eram conhecidos dos antigos. Esses mistérios não fazem parte da doutrina, sendo antes pertinentes às ações da mente superior.

O fundador dos jesuítas, Santo Inácio de Loyola, treinava seus monges por meio de um sistema de trabalho mental bastante maravilhoso; quer tenhamos ou não simpatia pelos fins para os quais era usado esse poder, permanece o fato de ter sido ele, e de ainda o ser, um método maravilhoso de energização e de direcionamento do entusiasmo. Despido de suas implicações teológicas, o método dele é tão simples quanto eficaz; a sua base é o uso científico da imaginação. Santo Inácio descobriu que, se retratarmos na imaginação cenas que nos incitam, e construirmos fantasias a partir delas, faremos surgir em nós as fortes ondas da emoção que essas imagens geram. Ele chamou o método de Composição do Lugar, e ensinou seus monges a retratar vividamente na imaginação as cenas da vida de Nosso Senhor. Mediante esse recurso simples porém muito potente, ele gerava nos monges intensos estados de emoção devocional — e essa emoção não era passageira, mas renovada dia após dia pela prática regular do Método; e, por meio dessa emoção devocional gerada de modo deliberado e renovada de maneira sistemática, foi forjado o tremendo poder da Companhia de Jesus.

Todas as religiões conhecem o poder da oração, assim como sabem que, quando dois ou três se reúnem, a oração se torna mais forte, não porque Deus dê mais atenção aos muitos do que ao um, mas porque o pensamento grupal concentrado cria uma atmosfera mental sobremodo intensa que influencia cada membro do grupo e reforça a exaltação, como se estivessem todos presos à mesma corda. Eis um fato bem sabido pelos estudiosos da psicologia mística. É verdade que a histeria de massa dos revivalismos e dos linchamentos pode ser induzida dessa maneira, pois se trata de um método tão potente que seu uso requer sabedoria e discernimento. É mesmo assim um método eficiente em favor do bem quando usado de modo correto; e por que deveríamos deixar à multidão e ao fanático essa forte arma em favor da retidão — essa lança do espírito?

Há sob as lendas arturianas uma força que poderíamos transformar numa Excalibur da mente, caso fosse compreendida e usada. O budista medita; o católico tem suas capelas de adoração perpétua; o cientista cristão "trata"; o espiritualista "se organiza num círculo"; há inúmeras correntes de oração por todo o território nacional. Aprendamos com tudo isso, pois todas essas formas de oração têm algo a nos ensinar sobre a técnica do poder do espírito, e estudemos a prática da meditação em sua aplicação às lendas de Artur e de seus cavaleiros, criando a nossa "Composição de Lugar" em torno das adoráveis lendas do cavalheirismo antigo, da mesma forma que Santo Inácio ensinava os seus monges a fazê-lo em torno dos ensinamentos de sua Igreja.

Há no trabalho da mente em meditação um poder pouco percebido, e temos nas lendas arturianas histórias cuja inspiração pode ativar as próprias fontes de vida que trazemos no íntimo; porque há uma profunda energia mística infundida nessas lendas, uma energia que fala à nossa mente subconsciente com ou sem o nosso conhecimento. A técnica de desenvolvimento desse poder tem sido conhecida e praticada por místicos de todas as épocas e raças, e pode ser aplicada tanto à Excelsa Busca do Santo Graal quanto o tem sido ao Sagrado Coração ou à Jóia no Lótus. Essas não são questões de teologia, mas de psicologia mística. O método é tão pouco sectário quanto o de Coué, de que muito se aproxima. É o trabalho da bigorna que forja a Excalibur mística e faz dela a espada da Busca.

Recomendo o estudo das lendas arturianas também ao místico cristão, pois ele é parte, e parte bem vital, dos contatos com a Igreja Celta destas ilhas. As comoventes histórias desses santos antigos ensinam a humildade e a devoção, bem como a calma contemplação da condição de eremita; mas as lendas arturianas trazem o contato com a beleza e a grande coragem da Busca.

O eremita e o cruzado têm, tanto um como o outro, sua participação no serviço da Cruz, e os dois têm suas contrapartes em nosso próprio coração. Dentre os que amam o Caminho da Cruz e buscam por meio dele a iniciação, alguns serão contemplativos e outros serão cruzados; e os que não podem encontrar paz nas meditações do eremitério interior podem encontrar o júbilo no cavalgar sob o estandarte de Artur em busca do Graal eterno.

Os amantes da ilha verde de Avalon podem, se fizerem sua peregrinação para lá sob a Lua do Caçador, ver o Lago dos Prodígios cobrir os pântanos em que Excalibur foi jogada e onde, afirma-se, está ainda hoje, perdida entre as campinas aquosas, para ser encontrada novamente quando a Inglaterra precisar.

Eles podem ouvir a noite inteira a voz da água do Poço Sagrado em que o Graal foi escondido, e ver o domo verde da colina em que o Rei Pescador manteve a sua corte e guardou o Cálice, e onde ele cuidou de sua ferida que nunca se curava.

Todas essas coisas são parte do legado místico dessas ilhas; e assim como nos inspiramos com os santos celtas, simples e iletrados, também podemos nos inspirar no nobre ideal do cavalheirismo antigo, que amava toda a bondade e toda a beleza e que não temia homem algum.

THE SOCIETY OF THE INNER LIGHT

The Society of the Inner Light é uma associação dedicada ao estudo do ocultismo, do misticismo e da psicologia esotérica, bem como ao desenvolvimento de sua prática.

Seus objetivos são cristãos e os seus métodos são orientais.

Estudantes que, depois de examinados adequadamente, desejarem prosseguir nos estudos, podem fazer o curso por correspondência. O treinamento que vão receber terá como tema a ciência esotérica, e eles serão instruídos na disciplina que prepara para a prática dessa ciência.

Para obter informações adicionais, solicite um exemplar sobre o TRABALHO e os OBJETIVOS da Sociedade ao endereço:

The Secretariat
The Society of the Inner Light
38 Steele's Road
London NW3 4RG
England

THE INNER LIGHT JOURNAL, revista trimestral, fundada por Dion Fortune, dedica-se ao estudo do misticismo, do cristianismo esotérico, da ciência ocultista e da psicologia da supraconsciência. Solicite à Sociedade, no endereço acima, informações sobre preços de assinaturas.